Wilfried Veeser
Lebensfragen

Wilfried Veeser

Lebensfragen

Antworten und Beispiele aus
der Beratungspraxis

Die Deutsche Bibliothek – CIP-Einheitsaufnahme

Ein Titeldatensatz für diese Publikation ist bei
Der Deutschen Bibliothek erhältlich.

ISBN 3-87067-805-4
Edition C, M 249
© 2000 by Brendow Verlag, D-47443 Moers
Überarbeitete Neuauflage des Buches „Wenn Seelsorge zur Hilfe wird"
Einbandgestaltung: Kortüm + Georg, Agentur für Kommunikation, Münster
Titelfoto: Jan O'Leary / Tony Stone
Satz: CONVERTEX, Aachen
Druck: Freiburger Graphische Betriebe, Freiburg i. Br.
Printed in Germany

Inhalt

Thema: Lebenshilfe

Vorwort

Liebe Leserin, lieber Leser,
Sie halten eine neue Ausgabe des Buches „Wie Seelsorge zur Hilfe wird" in Händen. Diese Ausgabe knüpft an das alte Anliegen an: Menschen sollen anhand der konkreten Seelsorgebeispiele ermutigt werden, sich selber auf den Weg zu machen und seelsorgerliche Schritte zu wagen. Der Wunsch nach therapeutischer Seelsorge muss nicht länger nur ein Wunsch bleiben. Ich freue mich sehr, dass zwischen der ersten Ausgabe im Jahr 1995 und der jetzigen ein immer größeres Netz von therapeutischen Seelsorgerinnen und Seelsorgern entstanden ist. Diese Christen haben in Theorie und Praxis eine qualifizierte Ausbildung absolviert und können von den im Anhang genannten Kontaktstellen gerne vermittelt werden.

Zu den Anliegen dieses Buches:

◆ Auch wenn Sie für die eine oder andere Frage aus den vielen Beispielen Anregungen erhalten, kann dies kaum das Seelsorgegespräch über Ihre Situation ersetzen. Haben Sie deshalb den Mut, Hilfe bei einem ausgebildeten Seelsorger zu suchen, wenn Sie selbst in einer notvollen Lage stecken.

◆ Auch in bedrängenden Lebenslagen gibt es Hoffnung und Zuversicht, das will Ihnen dieses Buch zeigen. Durch Gottes Heilshandeln in seinem Sohn Jesus Christus, aber auch in seinem Segenshandeln, das z. B. in medizinischen wie auch in psychologischen und psychotherapeutischen Methodenschritten sichtbar wird, können Sie Ihr Leben neu orientieren.

◆ Schließlich will ich Sie kurz und knapp über die Grundlagen und Arbeitsweisen einer integrativen Seelsorge im Sinne der BTS (Biblisch-therapeutische Seelsorge) informieren. Diese Dinge finden Sie am Anfang in dem Abschnitt „Grundlagen der Seelsorge". Wollen Sie lieber gleich zu den praktischen Situationen kommen, dann überspringen Sie einfach dieses erste Kapitel.

Die meisten Beiträge dieses Buches sind neu erstellt und nur einzelne aus der ersten Auflage übernommen. Ein großer Teil der praktischen Beispiele wurde zuerst für die Ratgeberecke der Zeitschrift *Neues Leben* verfasst und z. T. mit fachlichen Hinweisen ergänzt.

Schließlich möchte ich meiner Frau Dorothea danken, die mir über all die Jahre den Rücken für die zahllosen seelsorgerlichen Begegnungen freigehalten und mich in dieser Arbeit kritisch und unterstützend begleitet hat.

Grundlagen der Seelsorge

Menschen in Lebenskrisen suchen nach Auswegen. Sie sehnen sich nach Gesprächspartnern, die ihnen zuhören und die sie wertschätzen. Sie hoffen auf kompetente Personen, die ihnen bei der Suche nach Lösungen beistehen und gangbare Wege aufzeigen. Denn vieles wackelt und geht verloren: Familien zerbrechen zu fragmentarischen Kleinstgruppen (1 Elternteil und 1 Kind). Ehe und Familie sind für viele Zeitgenossen keine erstrebenswerte Lebensform mehr; die „Lebensphasenpartnerschaften" scheinen zeitgemäßer. Eindrücke, Stimmungen und Normen wandeln sich mit Höchstgeschwindigkeit auf weltweiten Datenautobahnen.

Wen wundert's, wenn viele Menschen nicht mehr wissen, wo ihnen der Kopf steht? Wen wundert's, wenn Menschen unter starkem Stress in psychische Nöte geraten und Hilfe suchen? Die Beiträge dieses Buches zeigen verschiedene Lebenssituationen. Bei aller Ähnlichkeit der Thematik ist jede seelsorgerliche Begegnung einmalig und erfordert viel Einfühlsamkeit, Geduld und vor allem ein klares Konzept, um in der Vielfalt dieser Krisensituationen die Spur halten zu können. Die Erfahrung lehrt, dass Seelsorger verschiedene Vorgehensweisen im Blick haben müssen, um Menschen in den so unterschiedlichen Lebensnöten helfen zu können.

Ganzheitliche und integrative Seelsorge, was ist das?

Der ganze Mensch ist im Blick
Ganzheitliche und integrative Seelsorge versteht unter dem Begriff „Seelsorge" das Bemühen um die „Seele" des Men-

schen. Doch was ist die „Seele"? Das biblische Verständnis von „Seele" unterscheidet sich grundlegend vom alten griechischen Seelenbegriff. Wichtig ist hier vor allem das hebräische Wort „näphäsch": Nach biblischem Verständnis *hat* der Mensch nicht eine Seele, sondern er *ist* eine lebendige Seele (vgl. 1. Mose 2,7). Mit „näphäsch" sind sowohl der somatische, nach Luft und Speise verlangende Mensch als auch Vitalität, Lebenskraft und Lebenswille gemeint. Der Mensch ist grundsätzlich ein bedürftiges Wesen; so ist er auch bedürftig nach Gott bzw. nach religiösen Erfahrungen. Nicht immer erlebt er diese bewusst oder in Kirchen. Oft bleiben sie diffus.

Auch der neutestamentliche Begriff „psyche" ist vor dem Hintergrund dieses hebräischen Denkens zu verstehen und darf nicht im Sinne des griechischen Denkens interpretiert werden. Wer sich um die „näphäsch" bemüht, sorgt sich immer um den ganzen Menschen. D. h., hier kommen Glaubens- und Lebensfragen gleichermaßen in den Blick. Seelsorge in ganzheitlichem Sinne umschließt das Denken, Fühlen, Handeln und Glauben des Menschen.

Das auf M. Dieterich zurückgehende Dreiachsenmodell der Biblisch-therapeutischen Seelsorge[1] versucht diese Ganzheitlichkeit des Menschen graphisch darzustellen (die Achsen stehen in einem 90°-Winkel zueinander, sodass die Darstellung dreidimensional vorgestellt werden kann, mit einer Senkrechten und zwei Horizontalen). Die räumliche Darstellung wurde gewählt, um auszudrücken, dass es hier nicht um drei Teile des Menschen geht, sondern immer um den ganzen Menschen, der jeweils unter diesen drei Aspekten betrachtet wird.

---

[1] Vgl. zur Biblisch-therapeutischen Seelsorge: Dieterich, M.: Handbuch Psychologie & Seelsorge.

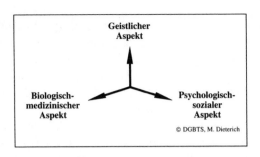

Geistlicher Aspekt

Biologisch-medizinischer Aspekt

Psychologisch-sozialer Aspekt

© DGBTS, M. Dieterich

Gott sehnt sich nach dem Menschen

Im Rahmen der säkularen Psychotherapie wird zunehmend entdeckt, wie wichtig der „Transzendenzbezug" für die seelische Gesundheit des Menschen ist, d. h. dass der so genannte spirituelle Bereich zum Menschsein dazugehört. Christlicher Seelsorge geht es aber nicht darum, dass Menschen irgendeinen Glauben haben. Vielmehr ist sie hier den Grundlagen der Bibel verpflichtet. Wie Gott den Menschen sieht und welche Ordnungen er setzt, ist entscheidend, denn das biblische Wort ist als Offenbarung von Gott dem Menschen vorgegeben.

In der Bibel wird der Mensch als Geschöpf Gottes wahrgenommen, das auf Gott hin geschaffen ist, d. h. Gott sehnt sich nach dem Menschen und sucht die Gemeinschaft mit ihm. Auch der natürliche Mensch ohne Gottesbeziehung bleibt Gott gegenüber verantwortlich (vgl. Röm 1,18ff.; Röm 3,23 u. a.). Es gehört zur biblischen Realität, dass die Menschen vor Gott der Erlösung bedürfen. Deshalb ist der Tod Jesu die Sühne- und Versöhnungstat Gottes und bringt dem Menschen das Heil.

Bei dieser Sicht des Menschen wird deutlich, dass keine Psychotherapie die Stellung des Menschen vor Gott und die Schuld des Menschen beantworten kann. Dies ist eine Frage des Glaubens und bedarf klassischer Seelsorge, die um die Aussagen der Bibel weiß. Das Heil in Jesus Christus hat im Sinne der Bibel für einen Menschen sogar Priorität vor der Heilung. Deshalb hat eine Seelsorge, die sich an biblischen

Grundaussagen orientiert, ein klares Ziel: die Gemeinschaft des Menschen mit Gott. Dies bedeutet nicht, dass eine ganzheitliche und integrative Seelsorge nicht auch solchen Menschen helfen könnte, die von Glaubensfragen wenig wissen wollen. Und schon gar nicht kann es um einen missionarischen Eifer gehen, der den anderen in der seelsorgerlichen Begegnung religiös bedrängt oder gar zwingen will. Wenn „Kairos", richtige Zeit, ist, dann kommt das Gespräch wie von allein auf dieses Thema. Und wenn Seelsorger betend in diese Begegnungen gehen, können sie damit rechnen, dass ihnen Gottes Geist diesen „Kairos" erschließt.

Menschen, die mit Jesus Christus verbunden (oder mit Paulus formuliert: zusammengewachsen, vgl. Röm 6,5) sind, haben Bezug zu einer Realität, die den irdischen Sinnen allein nicht zugänglich ist: Sie sind hineingepflanzt ins Reich Gottes (vgl. Kol 1,13f.); der Heilige Geist wirkt in ihrem Leben. Dadurch erhalten sie neue Perspektiven, Hoffnungen und eine neue Orientierung. In ihrem Lebenswandel lernen Christen, sich an dieser neuen Realität auszurichten. Die Bibel nennt dies Nachfolge oder Heiligung. Im Denken, Fühlen, Handeln und Glauben eines Christen widerspiegelt sich immer mehr das Wesen Jesu Christi.

Eine integrative Seelsorge geht „weisheitlich" vor

Die Bibel bezeugt Gott als den Schöpfer, der die Welt wunderbar geschaffen und geordnet hat. Das Alte Testament preist Gottes Weisheit, die gerade in seinen Schöpfungswerken sichtbar wird. Sogar die Schöpfung selber preist Gottes Herrlichkeit (vgl. Ps 19,1-9; Ps 104; Spr 8,22ff.; Jes 23,28ff. u. a.). Die alttestamentlichen Weisen haben intensiv Gottes Ordnungen beobachtet und diese Beobachtungen gesammelt. Sie haben Gottes Worte und die Schöpfung studiert, d. h. sie haben sich – so würden wir heute sagen – auch natur- und sozialwissenschaftliche Gedanken gemacht. Auch scheuten sie sich nicht, in diesem Bereich Erkenntnisse mit den umliegenden Völkern auszutauschen; allerdings haben sie im Unterschied zu diesen immer gewusst, dass z. B. diese hilfreichen Regeln im Verhalten des Menschen nicht in sich göttlich sind, sondern von Gott geschaffen wurden und erhalten werden. Ein Weiser ist deshalb jemand, der diese hilfreichen Lebensordnungen kennt, sich mit seinem Leben unter sie stellt und darin Gott preist. Vom Neuen Testament her verstehen wir, dass die Weisheit, durch die Gott die Erde gestaltet hat, Jesus Christus selber ist, dass sich die Lebensordnungen der Schöpfung ihm verdanken (Kol 1,15; Hebr 1,2; 1. Kor 1,30). Aus der Sicht der Bibel profitieren von diesem Segenshandeln Gottes in der Schöpfung alle Menschen (vgl. Mt 5,45). Gott stellt sich zu seiner Schöpfung. Dies gilt, selbst wenn in dieser Welt scheinbar Sünde und Tod regieren (vgl. 2. Kor 6,4ff.; 1. Kor 15,26 u. a.); Gott erhält die Welt bis zu dem Tag, den er gesetzt hat, einen neuen Himmel und eine neue Erde zu schaffen.

Auch im Erleben und Verhalten des Menschen, d. h. in der Psychologie werden solche Schöpfungsordnungen oder Gesetzmäßigkeiten sichtbar. Dies gilt für Christen und Nichtchristen im gleichen Maß. Deshalb ist eine integrative Seelsorge schöpfungstheologisch, bzw. weisheitlich offen gegenüber Erkenntnissen aus dem Bereich der empirischen Psychologie und der modernen Psychotherapieforschung.

Methodenschritte aus Psychologie und Psychotherapie lassen sich in die Aufgabe einer integrativen Seelsorge mit einbeziehen.

Immer wieder wird gefragt, ob denn mit der Methode nicht auch die ganze Ideologie der entsprechenden psychotherapeutischen Schule übernommen werde. Diese Gefahr besteht in der Tat und deshalb bedarf es einer Prüfung. Methode und Ideologie sind da voneinander unterscheid- und trennbar, wo im Rahmen der empirischen Forschung Menschen mit unterschiedlichen Lebenseinstellungen dieselben Verhaltensmuster oder Abläufe beobachten und diese überprüft werden können. Ein Beispiel: Menschen fühlen sich von Gesprächspartnern verstanden, wenn diese ihre Perspektive übernehmen können (Empathie), das Erzählte nicht sofort beurteilen (Wertschätzung) und wenn das, was der Gesprächspartner sagt, mit dessen Denken und Fühlen übereinstimmt (Echtheit). Sowohl das Erkennen solcher grundlegender Haltungsvariablen im seelsorgerlichen Gespräch, als auch die Anwendung dieser Regeln sind unabhängig von der Weltanschauung des Beobachters oder Gesprächspartners. Welches Ziel allerdings Seelsorger oder Therapeuten mit diesen Vorgehensweisen verbinden, hängt dann von deren weltanschaulichen oder ideologischen Bindung ab.

Insofern die Methodenschritte in Schöpfungsordnungen begründet sind, überrascht es nicht, dass sie sich in der Bibel widerspiegeln. So z. B.:

● Methodenschritte aus der Verhaltenstherapie: A. Ellis hat beobachtet und beschrieben, wie wir Menschen unser Handeln und die Situationen in Gedanken fortwährend kommentieren und bewerten. Er bezeichnet diese inneren Selbstkommentare als Autosuggestionen; sie sind eine Art „Einreden". Manche Menschen haben sehr negative Einreden und blockieren sich damit selber oder werden davon krank. In Ps 40,18 kommentiert der Beter seine Situation mit den Worten: „Ich bin arm und elend ..." – wenn ein Mensch so den ganzen Tag lang zu sich spricht, wird sein Herz immer schwerer und seine Motivation nimmt ab. Diesen negativen Autosuggestionen stellt nun der Psalmbeter einen anderen Gedanken gegenüber: „... aber der Herr sorgt für mich!" Unter geistlichem Aspekt nimmt er die Realität Gottes in seinem Leben bewusst in Blick. Wenn man das „methodische" Vorgehen des Beters betrachtet, geschieht hier eine Form des Gedankenstopps: Ich bin arm und elend – dieser Gedanke wird gestoppt und ein neuer ihm entgegengestellt: Der Herr sorgt für mich.

Ähnliches geschieht, wenn der Beter zu sich spricht: Lobe den Herrn, meine Seele, und vergiss nicht, was er dir Gutes getan hat (Ps 103,2). Paulus spricht davon, dass wir uns verändern sollen durch die Erneuerung unseres Sinnes, unseres Denkens (vgl. Röm 12,2), d. h. neue Gedanken einüben, die unserem Stand als Kind Gottes entsprechen. Jesus korrigiert verirrtes Denken in Bezug auf die Vergebung (Mt 18,21ff.). Hier geschieht Umlernen.[2]

- Methodenschritte aus der Gesprächstherapie: Jesus hilft auch, sich selber zu erkennen (vgl. Joh 6,60ff.). So fasst er in Worte, was viele aus seinem weiteren Jüngerkreis im Herzen bewegt, nachdem er in einer Rede auf seinen Tod hingewiesen hat: Ärgert euch das? Jesus überspielt die gespannte Stimmung nicht. Nun muss sich aber keiner mehr verstellen, denn Jesus hält ihnen vor Augen, was sie erleben; sie können neu bedenken, ob sie bleiben oder gehen wollen.

- Methodenschritte aus der Tiefenpsychologie: Jesus deckt dem Mann, der ihn nach dem ewigen Leben fragt, auf, welches Ziel sein Leben bestimmt und was ihn motiviert (vgl. Mt 19,16ff.). Die Worte Jesu: „Verkaufe alles, was du hast, und folge mir nach" machen deutlich, woran das Herz des Mannes hängt.

---

[2] Ausdrücklich weise ich an dieser Stelle darauf hin, dass dieser Ansatz nichts mit dem sog. positiven Denken zu tun hat (vgl. Murphy, Carnegie u. a.). Diese versprechen ihren Gläubigen Heil und Lebenserfolg. Ihre Wege sind unrealistisch, weil sie kaum mehr zur Kenntnis nehmen, dass es beispielsweise körperbedingte psychische Störungen oder reaktive Trauerprozesse gibt, die sich einem sich selbst überschätzenden positiven Denken entziehen. Trauer ist ein Kennzeichen dieser Welt, dem alle Menschen unterliegen. Wer diese Zusammenhänge negiert, verliert die Bodenhaftung und gaukelt unzulässig Sorglosigkeit und dauerhaftes (finanzielles) Lebensglück vor.

Altbekannte und klassische seelsorgerliche Hilfen

Ganzheitliche Seelsorge bezieht selbstverständlich auch das Glaubenserleben des Menschen mit ein, wenn dieses ein Thema im Gespräch sein soll (s.o.). Dabei kommen klassische Seelsorgeschritte in den Blick:

◆ Trösten: einem Menschen das zusprechen, was ihm von Gott her gilt. Glaubende können als Kinder Gottes angesprochen werden. Sie tragen den neuen Menschen in sich und sind mit dem Hl. Geist versiegelt usw. Anderen Menschen kann man zusagen, dass sie von Gott geliebt sind und Gott sich nach ihnen sehnt (vgl. Joh 3,16).

◆ Ermahnen: einen Menschen einladen, sich unter die hilfreichen Lebensregeln und -ordnungen Gottes zu stellen. Diese sind in der Bibel ausformuliert oder können in der Schöpfung entdeckt werden (vgl. Mt 11,28-30). Dabei gilt eine weisheitliche Regel: Dem Menschen sollen die möglichen Wege vorgelegt werden. Er selbst muss dann eigenverantwortlich entscheiden, welchen dieser Wege er gehen will.

◆ Beichte: einem Menschen die Möglichkeit eröffnen, mit seiner Schuld, die ihn belastet und die er bereut, vor Gott zu kommen, sie zu bekennen und diesem Menschen dann die Vergebung der Schuld durch Gott zuzusprechen. So kommt der Mensch aus der Bindung an Schuld und Sünde in die Freiheit.

Begriffsklärungen

Mit dem Begriff „therapeutisch" verbinden sich für viele Menschen weitere Begriffe: Psychologie, Psychotherapie, Psychiatrie. Im Sinne einer kurzen Orientierung sollen diese Begriffe nachfolgend knapp skizziert werden.

Was ist Psychologie?

Sie ist die Wissenschaft vom Verhalten und Erleben des Menschen. So lautet die Definition wissenschaftlicher Psychologie, wie sie an Universitäten gelehrt wird. Nach dieser Definition hat Psychologie sehr viel mit Statistik, mit Verhaltensbeobachtung, mit Felduntersuchungen, Tests und Experimenten zu tun. So ist sie heute nicht mehr, was ihr Name eigentlich aussagt: Lehre von der Seele. Im Gegensatz zum heutigen Verständnis gehen noch viele Menschen von einem veralteten und einseitigen Begriff der Psychologie aus. Sie vermuten darunter Seelenforscher und bringen damit fast ausschließlich tiefenpsychologische oder psychoanalytische Traditionen in Verbindung, wie diejenigen von S. Freud oder C. G. Jung.

Was ist Psychotherapie?

Psychotherapie versucht u. a. gezielt, bestimmte psychologische Erkenntnisse einzusetzen, und will Menschen dadurch helfen. Wie man inzwischen weiß, hängen die Wirkungen von psychotherapeutischen Schritten nicht an einer bestimmten Schulrichtung, sondern sie folgen – so Grawe (1994 und 1995) – bestimmten Wirkfaktoren: Ihre Wirksamkeit hängt davon ab, inwieweit die eingesetzten Verfahren in der Lage sind, an den Ressourcen des Menschen anzuknüpfen, die Probleme zu aktualisieren, Bewältigungshilfen anzubieten und Klärungen herbeizuführen.

Was ist Psychiatrie?

Psychiatrie ist eine medizinische Fachwissenschaft und versteht sich als die Lehre von seelischen Krankheiten und Abnormitäten. Viele schwere psychische Erkrankungen haben eine eindeutig organisch oder biologisch bedingte Komponente. Schizophrenien, schwere Verfolgungsängste, manisch-depressive Zustände und vieles mehr sind hier zu nennen. Oftmals ist eine psychotherapeutische Behandlung im akuten

Stadium solcher Störungen ein grober Kunstfehler. Es sind dann eine ärztliche Behandlung und der Einsatz von Medikamenten nötig, durch welche die Symptome der psychischen Erkrankung eingedämmt oder zurückgedrängt werden. Erst dadurch werden Patienten wieder für mehr gesprächsorientierte Verfahren zugänglich. Biblisch-therapeutische Seelsorger lernen die Unterscheidung der verschiedenen psychischen Störungen und die unterschiedliche Wirkung von Medikamenten und deren Nebenwirkungen kennen. Sie werden zur Zusammenarbeit z. B. mit entsprechenden Fachärzten angeleitet. Bei ernsten Zuständen ist ein stationärer Aufenthalt in einer psychiatrischen Klinik angezeigt. Später können Nachbehandlungen in psychotherapeutischen oder psychosomatischen Kliniken gute Erfolge bringen.

Die drei Begriffe (Psychologie, Psychotherapie, Psychiatrie) transportieren für einige Leser unterschiedliche Ängste, Hoffnungen oder Sorgen. Therapeutische Seelsorger wollen mithelfen, solche Ängste abzubauen, indem sie darüber reden und Wege suchen, wie sich Menschen, wenn es „dran" ist, auf solche qualifizierten Hilfen einlassen können. Andererseits machen solche Gespräche auch die Grenzen der jeweiligen Verfahren deutlich, vor allem die Tatsache, dass nicht die Methodenschritte als solche helfen, sondern sie nur dann wirksam sind, wenn die Betroffenen selbst mitarbeiten. Dabei gilt für Christen stets ein Doppeltes: Jesus Christus begegnen und die Lebenssituation von dieser Perspektive her verstehen lernen, dann Methodenschritte aus den drei genannten Wissenschaften als schöpfungsmäßige Hilfen einsetzen und anwenden. Ein „Glaube" an psychologische, psychotherapeutische oder psychiatrische Methoden ist abzulehnen. Dies würde aus Methoden selbstmächtige Götzen machen, die in Konkurrenz zu Jesus Christus treten.

Ein Beispiel aus der Seelsorgepraxis

Frau F. ist verheiratet und Mutter von drei Kindern, einem zweijährigen Jungen und zwei Mädchen, sieben und neun Jahre alt. Sie fühlt sich ausgelaugt und müde. Am meisten Mühe macht ihr, dass sie mit den Kindern keine Geduld hat und sie oft anschreit. „Ich bin den Kindern eine schlechte Mutter", sagt sie. Auch Gott gegenüber fühlt sie sich schuldig, dass sie so undankbar ist, wo Kinder doch eine Gabe Gottes sind. Immer wieder versagt sie als Christin, weil sie zu wenig Liebe hat. „Ich habe Gott so darum gebeten, dass er mir Geduld und Weisheit schenkt für den Umgang mit den Kindern, aber es wird immer schlimmer."

Zuerst kommt die Diagnostik

Diese Frau kommt in die Seelsorge und sucht Hilfe. Wie können wir mit ihr arbeiten? Es ist wichtig, zuerst gründlich zu diagnostizieren, hinzuschauen und das Problemverhalten und die Persönlichkeit des Menschen genau zu beschreiben, bevor man an seelsorgerlichen Zielen arbeitet.

Bei der Diagnostik geht es darum, das Problem einzugrenzen und so zu beschreiben, als wollte man es filmen. Um das Problemverhalten zu beobachten, helfen Fragen: Was ist es für ein Verhalten? Wie (stark) zeigt sich das Verhalten? Wann kommt es vor? Wo zeigt es sich? Wer ist dabei? Welche Gedanken und Gefühle begleiten diese Situation?

Liegen die Verhaltensbeobachtungen vor, können sie auf dem Hintergrund des Dreiachsenmodells zugeordnet werden: 1. Medizinisch-biologischer Aspekt: Inwieweit hat das beobachtete Verhalten mit medizinisch-biologischen Dingen zu tun? 2. Psychologisch-sozialer Aspekt: Hier geht es um die Persönlichkeitsstruktur eines Menschen, um bestimmte Denkmuster, mit denen jemand seine Situation betrachtet und bewertet; auch das Umfeld spielt eine Rolle, die Familie, der Arbeitsplatz, die Gemeinde. 3. Geistlicher Aspekt: Hier geht es um religiöse Fragen, z. B. die Beziehung zu Jesus Christus und die unsichtbare Wirklichkeit. Ist ein Mensch Christ? Wie erlebt er die Beziehung zu Gott und wie pflegt er sie; muss Schuld vor Gott in Ordnung gebracht werden?

Bei Frau F. zeigen sich danach folgende Ergebnisse:

Die **Verhaltensbeobachtung** macht deutlich, dass Frau F. die Kinder nicht immer anschreit, sondern vor allem dann, wenn die zwei Älteren von der Schule nach Hause kommen: vor dem Mittagessen, wenn Frau F. kocht und das Essen pünktlich bereit sein muss, und nachmittags. Abends ist sie entlastet, weil ihr Mann die Kinder zu Bett bringt. Zudem verteilt sich die Ungeduld nicht auf alle drei Kinder gleich, sondern trifft am stärksten die mittlere Tochter.

Auf der **medizinisch-biologischen Achse** zeigen sich deutliche Symptome: Frau F. hat schon längere Zeit nicht mehr durchgeschlafen, weil der Zweijährige in der Nacht aufwacht und nach ihr ruft. Vor dem Mittagessen und nachmittags, wenn die Kinder nach Hause kommen, ist Frau F. meist hungrig.

Von der **Persönlichkeit** her ist Frau. F. deutlich korrekt: Sie nimmt alles sehr genau und möchte keine Fehler machen. Sie versucht die Zeit, in der die Kinder in der Schule sind, bestmöglich auszunützen, um den Haushalt in Ordnung zu bringen, und arbeitet ohne Pause, bis die Kinder heimkommen. Schließlich zeigt sich im Blick auf den **geistlichen Aspekt**, dass Frau F. eine klare Entscheidung für Jesus Christus getroffen hat und ihm nachfolgen will. Sie ist aber unsicher, ob sie vor Gott einmal bestehen kann. Sie hält es für falsch, Gott immer wieder für dieselben Fehler um Vergebung zu bitten, stattdessen müsste sie sich ändern. Dass ihr dies nicht gelingt, muss ihrer Meinung nach daran liegen, dass sie die Beziehung zu Gott nicht intensiv genug pflegt.

Suchen von seelsorgerlichen Zielen

Nachdem durch eine ganzheitliche und integrative diagnostische Einordnung das Zusammenwirken verschiedener Faktoren deutlich geworden ist, können geistliche und therapeutische Ziele gemeinsam mit der Ratsuchenden abgesprochen und festgelegt werden.

- Erarbeiten einer Tagesstruktur, in der Pausen und Rückzugsmöglichkeiten eingeplant sind.
- In den nächsten vier Wochen zwei Wochen Erholungsurlaub für sich allein planen, was durch die familiäre Situation möglich ist.
- Eine neue Sicht gewinnen, was Christsein von der geistlichen Realität der himmlischen Welt her konkret im Alltag bedeutet.
- Die eigenen Schwerpunkte aufgrund der korrekten Persönlichkeitsstruktur und deren Auswirkungen kennen und korrigieren lernen.

Integratives seelsorgerliches Vorgehen

Im Folgenden wird in groben Linien dargestellt, welchen Fortgang die Seelsorge mit Frau F. genommen hat.

Im Verlauf der Verhaltensbeobachtung war deutlich geworden, dass Frau F. dann, wenn ihre Kinder nach Hause kommen, selber schon ziemlich erschöpft und hungrig ist. Sie hatte bis dahin jeweils mit den Kindern zusammen eine kurze Vesperpause gemacht, was für sie aber eher stressig als erholsam war. Es wurden nun je eine Pause am Morgen und am Nachmittag geplant, wo sie sich bewusst einen Moment hinsetzt und etwas Kleines zu sich nimmt. Nach der ersten Woche berichtete sie, dass die Pausen sehr wohltuend seien, aber dass sie sich gar nicht so richtig daran freuen könne. Sie war sich nicht sicher, ob es als Christ in Ordnung ist, Zeit so zu verschwenden, wenn es doch so viel Arbeit zu tun gäbe. So wurde von der Bibel aufgezeigt, dass Gott Ruhe- und Festzeiten gegeben hat. Es wurde Frau F. deutlich, dass sie ja gegen Gottes Absichten handelt, wenn sie sich keine Ruhepausen gönnt. Sie übte Gedankenstopp, wenn die Selbstanklage kam, und setzte dagegen: Gott gönnt mir diese Pause. Auch die Vielfalt und

Schönheit von Gottes Schöpfung kamen zur Sprache. Sie begann, die „verschwenderischen" Spuren Gottes in der Schöpfung zu suchen und dafür zu danken.

Zwei Wochen Urlaub allein konnte sich Frau F. zunächst gar nicht vorstellen, obwohl sie überzeugt war, dass es ihr gut tun würde. Sie wollte ihrem Mann nicht zumuten, allein die Kinder versorgen zu müssen. Der Ehemann wurde zum nächsten Gespräch mit eingeladen. Er ermutigte seine Frau zum Urlaub. Frau F. blieb skeptisch, weil sie meinte, die Kinder nirgends unterbringen zu können. Gemeinsam mit dem Mann wurden Vorschläge erarbeitet und schließlich Leute gefunden, die die Kinder betreuen konnten. Dieser Erfolg entgegen allen Erwartungen ermutigte Frau F. Weiter wurde besprochen, was Frau F. in diesen zwei Wochen Urlaub gern machen würde. Es kam nochmals die Frage auf, ob ein Christ so „egoistisch" sein darf. Hilfreich wurde für sie die Einsicht, dass sie einer Freundin einen solchen Urlaub sofort zugestehen würde, ohne sie deshalb für egoistisch zu halten. Für Frau F. war es eine wichtige Erfahrung, dass trotz ihrer Abwesenheit nicht wie befürchtet die ganze Familienordnung auseinander bricht.

In Bezug auf ihr Glaubenserleben wurden Bibelworte erarbeitet, die ihren Stand als Kind Gottes vor Augen führten. Sie entdeckte die gesetzliche Tendenz in ihrer Glaubenshaltung, indem sie durch das Streben nach Fehlerlosigkeit sich die Liebe Gottes sichern wollte. Sie suchte nach Bibelworten, die ihr halfen, sich diese Realität als Kind Gottes immer wieder vor Augen zu halten.

Um sich und andere besser wahrnehmen zu lernen, machte Frau F. zusammen mit ihrem Mann einen Persönlichkeitsstrukturtest. In mehreren Ehepaargesprächen wurden die verschiedenen Persönlichkeitsschwerpunkte der Eheleute besprochen. Im gegenseitigen Austausch konnte Frau F. erkennen, wie sich ihre korrekte Struktur im Alltag auswirkt und dass es Menschen gibt, die ganz andere Schwerpunkte haben als sie.

So sah sie plötzlich, wie ihr hohes Bedürfnis nach Ordnung und geregelten Abläufen vor allem für ihre mittlere Tochter eine Überforderung sein konnte.

An diesem Punkt nach etwa 17 Gesprächen hatte Frau F. den Eindruck: Es geht jetzt auch allein weiter. Natürlich kann es ihr bei viel Stress auch heute noch passieren, dass sie ihre Kinder anschreit. Doch sie hat den Anspruch, ihre Kinder „fehlerfrei" zu erziehen, als einen überzogenen Perfektionismus erkannt. Stattdessen sagt sie sich: Ich bin dabei, zu lernen. Sie versinkt nach einem solchen Versagen nicht mehr in Niedergeschlagenheit, sondern bittet Gott um Vergebung und entschuldigt sich bei ihren Kindern. Sie dankt Gott und weiß sich in seine Hände eingezeichnet (vgl. Jes 49,16). An ihrer Beziehung zu Gott gewinnt sie zunehmend mehr Freude. Schließlich wurde mit Frau F. ein weiterer Kontakt in drei Monaten vereinbart. Je nach Bedarf kann sie dann in ca. einem halben Jahr ein Nachgespräch in Anspruch nehmen.

So weit das Fallbeispiel.

Die nachfolgende Antwort auf die Anfrage, ob Gott eine Heilung schenkt oder Psychotherapie nötig sei, fasst die Überlegungen dieses einleitenden Kapitels weiter zusammen.

Göttliche Heilung oder Psychotherapie?

„Alle sagen mir, ich soll zu einem Therapeuten gehen. Sogar unser Pastor meint das. Er kommt mit mir seelsorgerlich nicht mehr weiter, wie er meint. Aber Gott ist doch alles möglich. Wie viele Menschen durften schon eine Heilung erfahren." *Dies ist der Tenor bei Frau M.* „Es wäre ihm doch ein Leichtes, mir zu helfen, dass ich wieder so normal essen kann wie die anderen. Gestern war ich zu einem ersten Gespräch bei einem Therapeuten. Ich glaube, er ist kein Christ. Ich weiß nicht, ob ich ihm trauen kann. Aber ich brauche Hilfe. Dringend. Auch mein Arbeitgeber hat gesagt, dass ich eine Therapie machen soll. Sie haben gemerkt, dass ich große Essprobleme habe. Seit Wochen schaffe ich meine Aufgaben nicht mehr. Ich mache viele Fehler. Hoffentlich heilt mich Gott bald. Wissen Sie einen Weg für mich?"

Die Antwort an Frau M. lautete:
Sie stehen in einer mehrfachen Spannung: Einmal erhoffen Sie sich schnelle und direkte Hilfe von Gott. Doch alle Ihre Gebete scheinen bisher umsonst zu sein. Ist jetzt Psychotherapie der richtige Weg? Dann rätseln Sie, ob Sie sich einem Therapeuten anvertrauen sollen, von dem Sie nicht wissen, ob er Christ ist. Schließlich leiden Sie offenbar unter Essproblemen. Aber nun der Reihe nach:

1. Gott heilt auch durch Psychotherapie
Sie sollten wissen, dass viele moderne psychotherapeutische Methoden wissenschaftlich überprüft sind. Sie wirken effektiv und helfen. Sie können das mit der Arbeit eines Arztes vergleichen. Ein Mediziner weiß, wie Herz und Niere, wie der Kreislauf und das Gehirn funktionieren. Ein ausgebildeter Therapeut oder therapeutischer Seelsorger kennt das psychische Verhalten bei Ängsten, Depressionen, Süchten. So, wie es medizinische Grundregeln gibt, gibt es diese auch im psychischen Verhalten. Dass die Spritze des Arztes hilft, liegt nicht an ihm, sondern weil Gott das so geschaffen hat. Und wenn das Gespräch mit dem Psychotherapeuten hilft, dann liegt auch dies daran, dass Gott hinter diesen Hilfen steht. Ein Arzt ist ein Werkzeug Gottes. Der Psychotherapeut auch.
So wirkt Gott beides: das *Heil* in seinem Sohn Jesus Christus – die Not der Schuld ist gelöst; und die *Heilung* von psychischen Störungen – z. B. durch Psychotherapie.

2. Die Beziehung zum Therapeuten muss stimmen ...
... sonst kommen Sie in den therapeutischen Gesprächen nicht voran. Wie kann Beziehung entstehen? Indem Sie alle Ihre

kritischen Fragen offen ansprechen. Fragen Sie, mit welchen Methoden Ihr Therapeut arbeitet. Sprechen Sie über die Glaubensfrage. Kann er akzeptieren, dass Sie Christin sind? Ein therapeutischer Fachmann wird Sie als Christin respektieren, selbst wenn er eine andere Glaubensüberzeugung teilt. Er wird Ihnen auch nicht den Glauben an Jesus Christus „wegtherapieren" wollen. Sollte er wider Erwarten trotzdem in Ihrem Glauben den Grund für die Probleme sehen, ist es völlig in Ordnung, den Therapeuten zu wechseln. So, wie Sie für den Arzt beten, sollten Sie auch für den Therapeuten bei Gott eintreten. Es gibt auch immer mehr biblisch-therapeutische Seelsorger, die in ihrer Ausbildung beide Seiten gelernt haben: als Christen Fragen des Glaubens anzugehen und therapeutische Methoden qualifiziert einzusetzen.

3. Beginnen Sie!

Sie leiden unter Essproblemen, wie Sie berichten. Ihre Arbeitsleistung ist inzwischen eingeschränkt. Sie sehnen sich nach Hilfe und Heilung. Und die ist möglich, aber nicht so, dass Sie passiv abwarten, was passiert. Sondern Sie sind gefordert, aktiv mitzuwirken. Kein Therapeut kann Sie heilen, aber er kann Ihnen die Schritte zeigen, die Sie als nächstes in Ihrem Denken, Fühlen und Handeln gehen können. Die eigentliche Arbeit geschieht zwischen diesen Gesprächen. Machen Sie die „Hausaufgaben", die Ihnen der Therapeut oder der biblisch-therapeutische Seelsorger gibt. Delegieren Sie nicht die Verantwortung, die Sie selbst übernehmen müssen, an Gott oder an den Therapeuten. Treten Sie aktiv für sich ein. Jesus fragt den Kranken: „Willst du gesund werden?" Wollen Sie selbst gesund werden, Ihre Essprobleme überwinden? Wagen Sie ein klares Ja. Dann bringen Sie die besten Voraussetzungen für die Gespräche mit. Vieles werden Sie über sich entdecken. Haben Sie keine Angst davor. Gott kennt Sie schon lange – und besser als Sie sich selbst.

Moderne *Psychologie* ist die *Wissenschaft vom Verhalten und Erleben des Menschen.* Auf diese Erkenntnisse stützen sich effektive psychotherapeutische Methoden. Untersuchungen zeigten, dass Psychotherapie den Krankenkassen viel Geld erspart. Vor allem dann, wenn nicht nur eine Methode angewandt wird, sondern der Therapeut je nach Verlauf die wirksamste wählt. Die bedeutendsten Therapiemethoden sind:

1. (Kognitive) Verhaltenstherapie. Hier geht man davon aus, dass störendes Verhalten verlernt und durch ein „normales" ersetzt werden kann. Besonders bei Ängsten, Zwängen, Ess- und Beziehungsstörungen wirken diese Methoden sehr gut.

2. Gesprächspsychotherapie. Der Ratsuchende soll selbst erkennen, wie seine Sicht über sich selbst mit seiner Lebenswirklichkeit in Spannung steht und diese überwunden werden kann.

3. Tiefenpsychologische Verfahren wie Individualpsychologie, Logotherapie und andere psychodynamische Methoden helfen insbesondere zur Diagnostik der Biografie eines Menschen. Es wird nach den vermeintlichen Ursachen von psychischen Störungen und den unbewussten Anteilen gesucht. Die therapeutische Arbeit einer Veränderung des Verhaltens erfolgt jedoch zumeist in Verbindung z. B. mit verhaltenstherapeutischen Methoden.

Thema: Ehe

Ich halte es nicht mehr aus

Frau H., 32: „Mein Mann ist zwei Jahre älter als ich. Aber er kommt mir mit seinen 34 Jahren vor wie ein ‚Grufti‘. Er will immer seine Ruhe haben. Wollen die Kinder (vier und sieben Jahre) mit ihm spielen, zieht er sich lieber in sein Büro zurück. Gespräche mit ihm, die länger als 15 Minuten dauern, kann ich in meiner jetzt achtjährigen Ehe an zwei Händen abzählen. Und das, obwohl er im Beruf täglich mit Kollegen Besprechungen durchführen muss. Wenn ich mit ihm gerne einen gemütlichen Abend erleben möchte, wehrt er ab und setzt sich vor den Fernseher. Ich habe immer gehofft, dass ihn die Kinder etwas auf Trab bringen – vergeblich. Allein das Angeln mit seinen Freunden lockt ihn mal außerplanmäßig aus dem Haus. Ich erwarte nicht, dass er immer mitjoggt oder im Hauskreis große Reden führt. Aber in der Familie muss er sich verändern. Ich halte das sonst nicht aus. Manchmal würde ich mich am liebsten scheiden lassen. Ich glaube, ich käme mit den Kindern auch ohne ihn zurecht.“

Aus Ihren Zeilen spricht viel Frust und Ärger. Ich stelle mir Sie als eine Frau mit viel „Power“ vor, die neben dem Haushalt auch Zeit für Sport und die Gemeinde findet. Ihren Mann schildern Sie dagegen als ruhige Persönlichkeit. Da sind wirklich zwei sehr verschiedene Menschen miteinander verheiratet.

1. Versuchen Sie nicht, Ihren Mann nach Ihrem Bilde zu verändern.

Unabhängig von Veränderungen, die Ihr Mann im Laufe der Ehe von sich aus zeigen wird, können Sie ihn in der Tiefe seiner Persönlichkeit nicht anders machen. Sicher würde er, sofern Sie gemeinsam Hilfe in Anspruch nehmen, sich verstärkt gemeinsamen Gesprächen stellen, wie er dies ja in seinem Beruf ebenso tut. Allerdings kommt es dann auch auf Ihre Haltung ihm gegenüber an. Wenn er vom ersten Wort an merkt, dass Sie ihm Vorhaltungen machen, wird er abblocken. Bei seinen Kollegen wird er als ein gleichrangiger Mitarbeiter akzeptiert, der etwas zu sagen hat.

2. Nehmen Sie bewusst seine Fähigkeiten und Gaben wahr.

Sicher fällt Ihnen dieser Schritt besonders schwer, da Sie ja derzeit sehr auf die Fehler und Mängel Ihres Mannes achten. Dies müssen Sie aber wirklich wollen. Vielleicht gibt es nahe Freunde Ihrer Familie, die Ihnen bei diesem Wechsel der Blickrichtung behilflich sein können. Erstellen Sie eine Liste. Schreiben Sie für jeden Mangel mindestens eine besondere Qualität auf. Denn irgendwann gab es in Ihrem Leben eine Zeit, in der Sie auf diese Stärken Ihres Mannes stolz waren.

3. Treffen Sie eine Entscheidung und nehmen Sie Ihren Mann an.

Dass Sie die Scheidung phantasieren, ist angesichts der vielen Enttäuschungen nachvollziehbar. Aber wäre dieser Schritt wirklich realistisch? Ich traue Ihnen sofort zu, dass Sie sich auch als Alleinerziehende mit zwei Kindern „durchschlagen" werden. Aber wie würden Ihre Kinder diesen Schritt erleben? Kinder sind oft hart im Nehmen und würden sich an eine solche veränderte Situation anpassen. Aber sind Sie allein der richtige Repräsentant der Erwachsenenwelt für Ihre Kinder? Könnte es nicht auch sein, dass Sie mit Ihrer „Power" Ihren Kindern manchmal auf die Nerven gehen? Vielleicht ist ja das eine oder andere so veranlagt wie Ihr Mann und leidet unter Ihrem Aktivismus. Wie sehr braucht dieses Kind den Ruhepol eines „normalen" Menschen, der sich gerade anders verhält als Sie!

Ich wünsche Ihnen, dass Sie Ihren Mann in seiner Andersartigkeit als notwendigen Gegenpol für sich selbst und als Chance für Ihre ganze Familie neu entdecken können! Es könnte sein, dass Sie dann im Aufblick zu Jesus Christus diese Beziehung dennoch als hilfreich erleben.

Info

Die Persönlichkeit des Menschen wird aus der Sicht der Persönlichkeitsdiagnostik nach heutigem Stand auf verschiedenen Ebenen gesehen: veränderbare, schwer veränderbare und kaum veränderbare Verhaltensstrukturen, welche das menschliche Denken, Fühlen, Handeln und Glauben ganz wesentlich mit beeinflussen. Wie z. B. ein Mensch auf andere zugeht, Kontakte aufnimmt und aufrecht erhält, kann man üben und im Zeitraum von bereits einem Jahr wahrnehmbar verändern. Wie viel Veränderung in bedeutenden Lebensbereichen für einen Menschen dauerhaft möglich ist oder wie viel Distanz und Rückzugsmöglichkeit der Mensch subjektiv benötigt, um nicht „verrückt" zu werden, ist relativ festgelegt. Bei starken Ausprägungen kann man dies genauso wenig verändern wie die Augenfarbe oder die Körpergröße. Diese Tiefenschicht der Persönlichkeit mit ihren jeweiligen Chancen und Grenzen muss der betreffende Mensch zunächst selbst akzeptieren. Aber dann steht auch der Partner vor der Aufgabe, den anderen mit dieser oft großen Andersartigkeit annehmen und lieben zu lernen. Durch das Wissen, von Gott geliebt und wertgeachtet zu sein, haben Christen bei dieser Lebensaufgabe innerhalb ihrer Ehe einen deutlichen Vorteil.

Tapetenwechsel für Ehepaare

Herr I., 41: „Ich gestehe, dass mir an meiner Frau zur Zeit nicht viel liegt. Wir sind Opfer des Alltags. Jeder von uns spielt seine Rolle. Ich versorge die Familie mit Geld, meine Frau kümmert sich um die Kinder (14 und 11 Jahre alt) und den Haushalt. Es ‚funkt' nicht mehr zwischen uns. Unsere Gespräche haben nur noch Belanglosigkeiten zum Inhalt. Wenn unsere zwei Kinder nicht wären, könnten wir genauso gut getrennt leben. Inzwischen wäre es mir egal, was die anderen unserer Gemeinde darüber denken."

Frau I., 42: „Ich erlebe von meinem Mann keine Wärme mehr. Ich bin völlig frustriert. Wir leben nebeneinander her, ohne richtig voneinander Notiz zu nehmen. Meine 14-jährige Tochte sagte mir vorgestern: ‚Wenn ihr als Eltern so wenig Gefühle füreinander habt, werde ich lieber nicht heiraten ...' Das hat mich tief getroffen. In meinem Herzen empfinde ich dies genauso. Als Single hätte ich es viel leichter."

Auch wenn Sie beide über Ihre Beziehung sehr enttäuscht sind, wenn Sie sich entfremdet haben und nebeneinanderher leben, gibt es Hoffnung für Sie. Sie können Ihre Beziehung wieder aktivieren, wieder „auf Vordermann" bringen. Das kostet Sie allerdings Zeit und Kraft. Aber es lohnt sich. Ich schlage Ihnen eine „Intensivmaßnahme" vor:

Eine Woche allein zu zweit

So lautet ein Programm der Biblisch-therapeutischen Seelsorge. Sie fahren in ein Land, möglichst sonnig und warm, in eine Ferienwohnung, auf keinen Fall in ein Hotel. Sie haben eine Woche zur Verfügung, darum sollte der Anreiseweg nicht zu lang sein. Buchen Sie lieber einen Flug, als dass Sie stundenlang mit dem Auto fahren müssen. Eine Bedingung gibt es: Ihre Kinder müssen Sie zu Hause lassen. Bestimmt gibt es Freunde oder Gemeindemitglieder, die sie eine Woche lang beaufsichtigen können.

Beachten Sie bestimmte Spielregeln

Insgesamt wäre es günstig, wenn Sie diese Zeit mit einem Seelsorger gut vorbereiten. Hier ein Auszug aus den Spielregeln:

- Vereinbaren Sie, dass Sie ehrlich miteinander sprechen. D. h., dass Sie nicht in der 3. Person „man" sagen, sondern in der 1. und 2. Person sprechen: „*Ich* möchte *dir* sagen, dass *mir deine* Reaktion bei Tante K. (nicht) gefallen hat." Sprechen Sie über Ihre Gefühle. Reden Sie nicht um den heißen Brei herum. Ebenso sollten Sie Worte vermeiden wie „immer", „nie", „nur", „typisch", „ja ... aber".
- Wenn Sie sich durch Ihren Partner angegriffen fühlen, dann vermeiden Sie Rechtfertigungen. Nehmen Sie sich vor, in diesem Gespräch zunächst nur zu verstehen, weshalb Ihr Mann oder Ihre Frau dies so sagt, was der andere fühlt, erlebt und was er befürchtet. Überprüfen Sie, ob Sie Ihren Partner verstanden haben: „Habe ich dich recht verstanden ..." Und erst dann, wenn der andere Ihnen das Okay gibt, „Ja, du hast mich verstanden", sagen Sie ihm, wie Sie darüber denken.
- Tun Sie in diesen Tagen möglichst alles gemeinsam. Teilen Sie Ihre Hobbys miteinander. Achten Sie aber darauf, dass das, was Sie gerne tun wollen, auch Ihrem Partner gefällt. Jeder sollte gleich viel Freude erleben.
- Zum gemeinsamen Erleben gehören auch Erotik und Sexualität. Nehmen Sie sich viel Zeit und versuchen Sie dabei, Ihren Partner glücklich zu machen. Wer sich verschenkt, hat die Verheißung, dass er viel zurückbekommt. Sagen Sie einander, was Ihnen Freude macht. Alles, was Sie beide als beglückend erleben können, darf sein. Vermeiden Sie jedoch „Leistungsdruck". Sprechen Sie auch hier offen miteinander.

- Wählen Sie für Ihre Bibellese Mut machende Texte aus, die Sie dann gemeinsam durcharbeiten (Ps, Eph 1). Danken Sie Gott für alles, was er Ihnen schenkt. Sie können Zeiten des gemeinsamen Gebets, aber auch der persönlichen Stille vor Gott vereinbaren, um sich immer wieder bewusst unter die Herrschaft von Jesus Christus zu stellen.
- Entschließen Sie sich, alte Dinge, wenn Sie diese miteinander geklärt haben, gemeinsam vor Jesus zu bringen und dann nicht mehr darüber zu reden bzw. sich gegenseitig diese Dinge nicht mehr als Schuld vorzuwerfen.

Info

Gerade dann,
- wenn Ehepaare nicht mehr miteinander sprechen können,
- wenn die Erziehung der Kinder ihre ganze Zeit und Kraft in Anspruch nimmt,
- wenn der Ehemann ständig unterwegs ist und die Familie noch nicht einmal an den Wochenenden zusammen ist,
- wenn die vielen Aktivitäten als Ausrede dienen müssen, um sich dem Partner zu entziehen,
- wenn Fremde bereits in die Ehe einzudringen versuchten, spätestens dann sollten Ehepaare aus therapeutisch-seelsorgerlicher Sicht entsprechende Hilfe aufsuchen und ernsthaft überlegen, wie sie ihre Beziehung wieder „flott" machen können. Dabei wird ein „Tapetenwechsel" zwar keine spontane Heilung der Beziehung bewirken, aber einen ersten wichtigen Schritt zur Besserung darstellen. Dieser Orts- und Klimawechsel trägt dazu bei, dass Ehepaare weitab von Beruf und Familie gezielt an neuen Erfahrungen miteinander arbeiten und neue positive Seiten aneinander entdecken. Diese gilt es dann daheim weiter zu pflegen und zu verstärken.

Wer hat das letzte Wort?

„Dass wir diesen Brief an Sie zustande gebracht haben, ist fast ein Wunder. Denn wenn wir miteinander sprechen, dann gibt es schnell Streit. Jeder will das letzte Wort haben. Wir können uns nur selten einigen. Dabei geht es nicht so sehr ums Geld. Vielmehr finden wir einfach keinen gemeinsamen Standpunkt. Dies wirkt sich dann natürlich auch auf unsere Kinder aus. Oft finden wir keinen gemeinsamen Weg in der Erziehung. Es liegt auch nicht daran, dass wir uns nicht lieben würden. Wir haben uns auch nach fünf Jahren Ehe noch sehr gerne. Aber wenn es um gemeinsame Entscheidungen geht, erleben wir große Niederlagen, obwohl wir überzeugte Christen sind. Wenigstens stimmen wir gerade darin überein, dass wir an diesem Punkt dringend Hilfe brauchen. Wissen Sie uns einen Rat?"

So einfach ist das nicht. Meist gibt es für solche Konflikte nicht nur eine Ursache. In der Regel ist es ein ganzes Ursachenbündel. Deshalb empfehle ich Ihnen, einige seelsorgerliche Ehepaargespräche in Anspruch zu nehmen. Dass Sie aus Ihrem Problem herausfinden werden, ist für mich keine Frage. Ihren Zeilen spüre ich ab, dass Sie „Beziehungsreserven" haben. Sie mögen sich, haben schon manches gemeinsam gemeistert und hoffen für Ihre Ehe.

Zur Vorbereitung möchte ich Sie einladen, eine wichtige Frage durchzuarbeiten: Wie wichtig ist es Ihnen, Macht zu haben oder über andere Menschen zu bestimmen? Ihnen beiden ist es nicht gleichgültig, wer das letzte Wort hat. In der Tat müssen Ehepaare die Frage nach der Macht klären.

1. Macht muss sein

Vielleicht wundern Sie sich über diesen Begriff „Macht". Doch er bezeichnet zutreffend das menschliche Motiv, über eine Sache oder über Menschen bestimmen zu wollen. Schon kleine Kinder können sich im Wettstreit ereifern, wer der „Bestimmer" ist. In der Tat braucht man „Bestimmer", Menschen, die eine Richtung vorgeben und eine Gruppe führen können. Stellen Sie sich das Chaos vor, das entstünde, wenn nicht geklärt wäre, wer für die unterschiedlichen Belange in einer Gemeinde zuständig ist. Ältestenkreise, aber auch Chefs in Betrieben, Eltern oder andere Erziehungsberechtigte haben Macht über andere. Und dies ist gut so. Sie sollen aber diese Macht mit Bedacht ausüben, d. h. mit einer dienenden Haltung („ich habe dies jetzt entschieden, stelle mich aber selbst darunter"). Der andere spürt dann, dass der Macht Ausübende nicht egoistisch handelt, sondern mit seiner Gabe zum Gelingen des Ganzen beitragen will. Wer Macht missbraucht, sündigt, weil er sich unerlaubt über andere Menschen erhebt.

2. Streben Sie eine Arbeitsteilung an

Nun haben Sie u. a. das Problem, dass Sie beide stark bestimmen wollen. Dies führt zwangsläufig zu Konflikten. Am Ende geht es dann nicht mehr um „die Sache", sondern um Rivalität. Wer behält die Oberhand? Wer darf bestimmen? Bis zu den Seelsorgegesprächen schlage ich Ihnen folgende Schritte vor:

- Beobachten Sie sich und Ihre Beziehung zueinander. Wann treten diese Konflikte besonders stark auf? Bei welchen Anlässen? Notieren Sie Ihre Beobachtungen jeden Tag. Halten Sie auch fest, wann Sie entspannt miteinander umgehen können.

- Versuchen Sie zu erkennen, worum es Ihnen im Konfliktfall wirklich geht. Im Bild gesprochen: Treten Sie einen Schritt zurück und betrachten Sie Ihr Verhalten von außen. Sprechen Sie auch mit guten Freunden darüber.

- Notieren Sie die Themen und Lebensbereiche, in denen Sie bestimmen wollen (Wer ist zuständig für den regelmäßigen Einkauf? Für die Planungen am Wochenende?). Schreiben

Sie die Bereiche auf, in denen Ihr Ehepartner oder die Kinder die Verantwortung haben (Ich bin für die Versicherungsangelegenheiten zuständig, du für unsere beiden Girokonten; ich halte die Kontakte zu unseren Familien, du mehr die Beziehungen zur Gemeinde ...). Wenn es Ihnen gelingt, dann vergleichen Sie diese Listen in einem gemeinsamen Gespräch. Sollte es wieder zum Konflikt kommen, dann brechen Sie dieses Gespräch einfach ab und nehmen möglichst bald Hilfe von außerhalb in Anspruch.

Info

Macht ist eine der stärksten Strebungen des Menschen; Menschen wollen bestimmen. Dies kann offensichtlich zeigen: „letztes" Wort haben, lange Redezeit beanspruchen, Fakten schaffen, Wissen und Informationen nicht weitergeben usw. Machtmissbrauch führt in aller Regel zu Ungerechtigkeiten und Leid. Andererseits ist ein verantwortlicher Umgang mit Macht notwendig. Sonst könnte eine Gemeinschaft nicht bestehen. Jedes Zusammenleben braucht Regeln, die den anderen schützen und ihn achten, die die Beziehungen und Aufgaben untereinander klären. Um diese Regeln durchzusetzen, bedarf es eines optimalen Einsatzes von Macht. Dazu müssen Menschen lernen, zu ihrer Strebung zu stehen und über diese Strebung transparent zu sprechen. Wo dies in einer Familie oder auch im Mitarbeiterkreis gelingt, gibt es weniger Reibungsverluste. Zudem fällt es den Beteiligten leichter, die Leitungsaufgabe der betreffenden Mitarbeiter zu akzeptieren, wenn sie die Wertschätzung des bestimmenden Mitarbeiters spüren. Dies gelingt besser, wo sich Menschen unter die gemeinsame Autorität von Jesus Christus stellen.

Angst vor Intimität

Frau L., 38: „Mein Mann und ich kommen nicht mehr gut miteinander klar. Schon immer war mir Sexualität eine große Last. Er hat hier deutlich mehr Bedürfnisse als ich. Eigentlich möchte ich ihm so weit es geht entgegenkommen. Aber ich kann nicht. Dieses Gefühl hat sich zunehmend verstärkt. Inzwischen fürchte ich schon den Moment, wo mein Mann abends von der Arbeit kommt und mir bereits an der Haustüre signalisiert, dass er mit mir schlafen will. Ich halte diesen Druck kaum noch aus. Wenn ich ablehne, merke ich, wie enttäuscht er ist und sich zurückzieht. Gehe ich auf seinen Wunsch ein, kämpfe ich mit mir, weil ich im Grunde nicht will und mir inzwischen sogar übel wird, wenn ich nur daran denke. Andererseits will ich mich ihm doch nicht entziehen. Ich habe ihn seit 15 Ehejahren lieb und schätze es, dass wir als Christen schon so viele Jahre zusammengehalten haben. Aber dieser Bereich ist zu einer extremen Belastung geworden. Mir ist es auch peinlich, dass ich mich an Sie wenden muss. Aber ich glaube, dass ohne die Hilfe von außen nichts mehr geht; denn wenn wir beide versuchen, darüber zu reden, kommen wir zu keinem Ergebnis."

In der Tat ist es nicht einfach, bei diesem „heiklen" Thema Hilfe von außen zu suchen. Aber ich möchte Ihnen sagen, dass Sie und Ihr Mann lernen können, ohne Scheu, mit dem gebotenen Respekt und vor allem mit einer großen Gelassenheit bei einer therapeutischen Seelsorgerin oder einem Seelsorger in Ihrer Nähe ins Gespräch zu kommen.

1. Ins Gespräch kommen

Sie sollten möglichst bald das offene Gespräch mit Ihrem Mann suchen. Haben Sie den Mut, sich an eine entsprechende Fachkraft zu wenden, die Ihnen helfen kann, im Gespräch nicht in die alten Geleise zu kommen. Dann würde mancher Druck aus Ihrer Beziehung weichen, weil Sie offen Ihre gegenseitigen Erwartungen, Ängste und Nöte aussprechen können. Sie müssten nicht mehr so intensiv an dieses Thema denken. In Alltagssituationen würde es Ihnen leichter fallen, einander entspannter zu begegnen. Und vor allem würde Ihnen dies helfen, vermehrt wieder die vielen Punkte zu entdecken, die Sie schon so viele Jahre verbinden. Das „Thema Nummer eins" darf eine Zeit lang ruhig zum „Thema Nummer fünf" oder „neun" werden – was Ihnen unter Umständen leichter fällt als Ihrem Mann.

2. Der Realität ins Auge schauen

Es ist gut möglich, dass Ihre Not weniger daran liegt, dass Ihr Mann in irgendeiner Form „sexbesessen" oder Sie „prüde" wären. Vielmehr könnte es sein, dass Sie sehr unterschiedliche Persönlichkeiten sind. Sollten Sie eher eine sachliche, distanzierte Frau sein, die auch sonst vieles eher verstandesmäßig angeht oder erlebt, könnte dies auch für das Intimleben gelten. Und wenn Ihr Mann demgegenüber eher warmherzig ist und Nähe sucht, mag dies seine stärkeren Wünsche nach Zärtlichkeit erklären. Schließlich könnten Ihre Unlustgefühle damit zu tun haben, dass Sie unbedingt bestimmte Erwartungen erfüllen *müssen* oder andere schwere Alltagsprobleme bewegen.

3. Nehmen Sie einander an

Es ist befreiend, wenn Ehepartner entdecken, dass das Verhalten des anderen oftmals nicht vorsätzliche „böse Absicht" ist, sondern von der großen Unterschiedlichkeit in der Persönlichkeit, durch erlernte Ängste oder aber körperliche Störungen herrührt. Dies alles kann sich durch gründliche Diagnostik in therapeutischen Gesprächen zügig klären. Dann gewinnen Sie beide Raum, sich ganz neu so anzunehmen, wie Sie in der Realität sind und Sie beide von Jesus Christus schon längst getragen werden.

Die Tiefenstrukturen als Aspekt der Persönlichkeit des Menschen können nachweislich Auswirkungen auf das menschliche Sexualverhalten haben. Da diese Zusammenhänge jedoch wenig bewusst sind, versuchen Menschen ihre Not anders zu deuten. Oftmals unterstellen sich Partner eigenes Versagen oder vermuten beim anderen eine feindselige Motivation. Sollten sich Betroffene nicht sicher sein, ob vielleicht nicht spezifische Störungen im Sexualverhalten vorliegen (wie z. B. Appetenzprobleme, Erektionsstörungen, schneller Samenerguss, Orgasmusstörungen, starke Schmerzen usw.), ist grundsätzlich auch ein informatives Gespräch mit dem Hausarzt oder dem Frauenarzt wichtig. Bei mehr psychischen Problemen im Intimerleben empfiehlt sich die diagnostische Abklärung bei einem therapeutischen Seelsorger. Der Nutzen dieser dann gewonnenen Informationen überwiegt bald die anfängliche Scheu. Sobald klare diagnostische Ergebnisse vorliegen, kann man gezielt an den Problemen arbeiten.

Sexualität – Wunsch und Wirklichkeit

„Ich bin sehr verunsichert", sagt Herr C., 42 Jahre alt. „Es geht um unsere Ehe. Als wir vor neun Jahren geheiratet haben, dachte ich nicht im Traum daran, dass Sexualität zu einem so großen Problem unserer Beziehung werden könnte. Wir konnten uns natürlich und spontan begegnen und jedes unserer Kinder war ein Wunschkind. Aber seit der Geburt unseres dritten Sohnes spüre ich bei meiner Frau deutlich, dass sie immer weniger Lust auf Intimität hat. Wenn sie so weitermacht, zwingt sie mich, meinen Trieb außerhalb unserer Ehe abzureagieren. Aber bei diesem Gedanken komme ich mit meinem Gewissen in Konflikt. Vor Gott habe ich meiner Frau die Treue versprochen. Doch konnte ich damals ahnen, wie sie sich an diesem Punkt entwickeln würde? Ich weiß nicht, wie ich weitermachen soll."

Es ist gut, dass Sie die Barriere des Schweigens gebrochen haben: Einerseits erleben Sie viel Frust beim Thema Sexualität in Ihrer Ehe und befürchten, dass Sie Ihren „Trieb" nicht mehr beherrschen können. Andererseits fühlen Sie sich an Ihr Treueversprechen vor Gott und Ihrer Frau gebunden. Da ich mir noch nicht ganz im Klaren bin, wie sich die Probleme bei Ihnen konkret zeigen, kann ich Ihnen nur einige allgemeine Hinweise geben.

1. Sie müssen Ihren „Sexualtrieb" nicht abreagieren

Vielleicht ärgert Sie das. Aber die derzeitigen sexualwissenschaftlichen Erkenntnisse widerlegen den Gedanken eines unkontrollierbaren Sexualtriebes: Enthaltsamkeit führt eher zu weniger Interesse an Sexualität, und häufiger Intimverkehr steigert das Verlangen nach immer mehr sexueller Betätigung. Einen objektiven „Sexualstau" kann man nicht nachweisen.

Und wer sexuell enthaltsam lebt, wie z. B. Diakonissen oder Priester, kann dies durchaus tun, ohne neurotisch werden zu müssen.

2. Sexualität ist eine Form von Kommunikation

Auch wenn viele Menschen heute anders denken, sollten wir als Christen Sexualität nicht als das Wichtigste im Leben nehmen. Es gibt Wichtigeres. Genauso falsch ist es jedoch, Erotik nur auf die Fortpflanzung zu beschränken. Schon die Bibel gibt Hinweise auf eine ganzheitliche erotische Ehebeziehung (Koh 9,7-9, Spr 5,18-20, Hld). Sexualität hat ihren festen Platz zwischen Ehepartnern und stellt eine weitere Form der ehelichen Kommunikation dar.

3. Üben Sie mit Ihrem Ehepartner das offene und ehrliche Gespräch

In der Ehe macht es keinen Sinn, sich gegenseitig Lust oder Befriedigung vorzuspielen. Kaum ein anderer Mensch kennt Sie so gut wie Ihre Frau und umgekehrt. Sprechen Sie offen und ehrlich über Ihre sexuellen Wünsche und Phantasien. Sollte es Dinge geben, die Sie Ihrer Frau nicht sagen können, dann sprechen Sie dies zumindest im Gebet mit Gott durch und eventuell mit einem Seelsorger.

4. Planen Sie Zeit ein für schöne Stunden

Tragen Sie Zeit für die Pflege Ihrer Beziehung genauso selbstverständlich in Ihren Kalender ein, wie Sie dies bei anderen Aktivitäten auch tun. Denn schöne Stunden – so auch eine erotische Stimmung zwischen Ihnen und Ihrer Frau – ergeben sich in der Regel nicht von allein.

5. Machen Sie sich frei von falschen Sichtweisen

Gerade auf dem Gebiet der Sexualität können falsche Vorstellungen zu viel Frust und Traurigkeit führen. Sexualität ist viel mehr als nur Geschlechtsverkehr. Eine zärtliche Berührung, ein inniger Kuss, eine herzliche Umarmung, aber auch die Berührung der Geschlechtsteile durch den andern können den Partner erfreuen. Für viele Frauen und Männer ist die Stimmung der intimen Begegnung genauso wichtig wie das Erreichen des Orgasmus. Bringen Sie Ihre Frau nicht unter Druck. Akrobatische Turnübungen, gleichzeitiger Orgasmus, starke Erregung sind allerhöchstens Ideale einschlägiger Zeitschriften und Filme. Mit der Realität ganzheitlicher Sexualität glücklicher Ehepaare hat dies nur wenig zu tun. Ein „richtiger Mann" zeigt sich auch nicht darin, ob er seine Frau planmäßig zum „Höhepunkt" führen kann. Vielmehr ist die Frage, ob er seine eigenen Ängste und Hoffnungen und diejenigen seiner Frau kennt und dies zum Ausdruck bringen kann. Nicht Konkurrenz und Druck, sondern der tiefe Wunsch, den Ehepartner auch auf dem Gebiet der Sexualität glücklich zu machen, entspricht biblischen Aussagen über die Beziehung in der Ehe.

Info

Die Unzufriedenheit im Bereich der Sexualität basiert sehr häufig auf dem Widerspruch von *Wunsch* und *Wirklichkeit*.
Wunsch: Das Sexualleben soll stets erfüllt sein.
Wirklichkeit: Ehebeziehungen lassen sich auf Dauer nicht mit intensiver Sexualität vereinbaren. Berufsstress, Kindererziehung, Haushalt gerade bei berufstätigen Paaren lassen immer weniger Zeit für die Liebe. Außerdem müssen junge Ehepaare lernen, in Zeiten von Schwangerschaft oder Krankheit mit sexueller Frustration umzugehen.

Wunsch: Nur derjenige kann glücklich sein, der häufig mit seinem Partner Intimverkehr hat. Eine amerikanische Untersuchung von Paaren um 35 Jahre mit knapp zehnjähriger Eheerfahrung führte zu folgenden Ergebnissen: Ca. 12% der

Männer möchten mehr als einmal am Tag Geschlechtsverkehr. Von den Frauen wünschen dies nur 3%.

Wirklichkeit: 2% der Männer und 1% der Frauen haben tatsächlich mehr als einmal pro Woche mit dem Partner Geschlechtsverkehr. Ca. 12% der Männer und Frauen sind höchstens alle zwei Wochen einmal zusammen. 3% haben weniger als einmal im Monat Geschlechtsverkehr.

„Ehe light" für Christen?

„Unser 19-jähriger Sohn hat sich entschlossen, mit seiner 18-jährigen Freundin zusammenzuziehen. Eigentlich können wir als Christen diesen Schritt nicht teilen. Andererseits haben wir den Eindruck, dass sich beide mögen. Viele junge Leute machen das heute doch so. Wir wissen auch nicht, wie sich unsere Gemeinde dazu stellen wird. Beide sind im Teeny-Treff tätig. Unser Pastor hat in diesen Fragen eine klare biblische Position. Aber einige Mitarbeiter denken hier anders und meinen, dass ein Zusammenziehen okay ist. Im Gespräch mit den beiden gingen uns die Argumente aus. Sie fragten, warum sie denn nicht zusammenleben dürften, wenn sie sich liebten. Wie denken Sie darüber?"

In der Tat entschließen sich immer mehr junge Christen zu diesem Schritt. Doch auch dann, wenn es viele tun, wird es nicht richtiger. In Ihren Zeilen spüre ich, dass Sie dies ebenso sehen. Andererseits haben Sie Sympathie für beide und können ihr Handeln verstehen. Die herzliche Liebe zwischen Mann und Frau gehört zu den schönen Dingen, die Gott den Menschen geschenkt hat. Gott hat aber auch Ordnungen für dieses Zusammenleben gegeben. Wer sich daran hält, tut sich in seiner Beziehung auf Dauer gesehen leichter.

1. Die Ehe wird öffentlich geschlossen
Prüfen Sie in der Bibel selbst nach. Mann und Frau leben erst dann zusammen, wenn ein öffentlicher Eheschluss (z. B. Hochzeitsfeier im Dorf, vgl. Joh 2,1-11) vorausgegangen ist. Dadurch übernimmt das junge Paar Rechte und Pflichten, die einer öffentlichen Kontrolle unterliegen (Familien- und Dorfgemeinschaft). In unserer Zeit ist es das Standesamt, bei dem die Ehe geschlossen wird. Dieser öffentliche Schutz ist für die Ehepartner und für die sich einstellenden Kinder ein uralter

und – psychisch gesehen – unverzichtbarer Rahmen für die Ehebeziehung.

2. Frustrationen aushalten lernen

Junge Menschen, die gelernt haben, über ihre Bedürfnisse und Gefühle zu reden und Bedürfnisspannungen und Enttäuschungen auszuhalten, sind auf die Ehe besser vorbereitet als andere, die dazu neigen, möglichst bald „die Ehe zu testen". Warum? Jede Ehe kennt neben Zeiten des Glücks auch Zeiten der Enttäuschung. Gerade auch in sexueller Hinsicht (im Rahmen von Krankheitszeiten, Menstruation, Schwangerschaften usw.). Lernt ein junges Paar, sexuelle Frustration durch Enthaltsamkeit vor der Ehe auszuhalten, bringt es einen wichtigen Erfahrungsschatz mit. Die Beziehung gewinnt dadurch an Tragkraft und „Reife".

3. Ehe kann man nicht „testen"

Längst ist erforscht, dass Paare, die vor dem Standesbeamten ihre Beziehung beginnen, einen anderen psychischen Veränderungsprozess durchlaufen als solche, die sich „Ehe light", d. h. Ehe ohne Trauschein, zumuten. Junge Paare müssen sich entscheiden, was sie haben wollen: stabile Geborgenheit oder emotionale Unsicherheit, gemeinsam erarbeitete Werte und Überzeugungen oder deren Zerstörung durch wiederholten Partnerwechsel. Ehe ist etwas Einmaliges. Durch das gemeinsame Ja-Wort beginnt ein unumkehrbarer Weg, der beide schon nach wenigen Jahren tief verändert.

4. Gewinnen statt verurteilen

Auch wenn andere diese Grundeinsichten zur Ehe als „altmodisch" verurteilen, entsprechen sie den Lebensordnungen Gottes. Entscheidend ist, wie eindeutig Sie selbst an dieser Stelle denken. Je klarer dies auch von anderen Mitarbeitern und der Gemeindeleitung gesehen wird, desto stärker werden junge Christen hilfreiche Orientierung zur Gestaltung ihrer

Beziehungen gewinnen. Der Apostel Paulus ging folgenden Weg. Den Blick jener Gemeindeglieder, die z. B. zu Prostituierten gingen (vgl. 1. Kor 6,12-20), versuchte er mit viel Engagement auf Jesus Christus und das Wirken des Heiligen Geistes zu lenken. Das passt doch nicht zu euch als Kinder Gottes! Sünde bleibt Sünde und Fehlverhalten muss korrigiert werden – aber nicht wegen einer „christlichen Moral", sondern um der Beziehung zu Jesus willen. Werben Sie dafür, dass langfristig derjenige günstiger und gesünder lebt, der sich unter die göttlichen Lebensordnungen stellt.

Info

Die bürgerliche Eheschließung im Sinne einer „Liebesheirat" ist erst etwa 160 Jahre alt. Das durchschnittliche Alter der ledigen eheschließenden Männer und Frauen stieg 1994 auf 29,4 bei Männern, bzw. 27,1 Jahre bei Frauen an. Ein Grund dafür sind u. a. die langen Ausbildungszeiten. In anderen Kulturen (z. B. im Raum des Nahen Ostens) liegt das Heiratsalter zwischen 16 und 20 Jahren. Die Heirat ist keine individuelle Entscheidung von zwei sich Liebenden, sondern eine Angelegenheit zwischen zwei Sippen. Die Erfahrung lehrt, dass die so zusammengeführten Paare dennoch ein Liebesverhältnis entwickeln und zu einer stabilen Ehebeziehung finden können, die zudem gesellschaftlich gestützt und in den Sippenverband eingegliedert ist.

Viele junge Menschen in unserer Gesellschaft haben zunehmend Mühe, sich zu binden oder festlegen zu lassen. Bedürfnisspannungen über längere Zeit können nur schwer ausgehalten werden. Viele ziehen sich auf eigene Interessen zurück und geben sich kaum noch an einen anderen Menschen hin. Eltern tun daher im Blick auf ihre Erziehungsaufgabe gut daran, Ihren Kindern neben der Erfüllung von Bedürfnissen auch altersgemäße Frustrationen zuzumuten.

Beziehungspflege: So machen Sie Ihre Ehe fit

So, wie man Pflanzen hegen und pflegen muss, damit sie gedeihen und wachsen, gilt dies auch für die Beziehung von Ehepaaren. Jedes Wachsen und Reifen ist an Voraussetzungen und Rahmenbedingungen geknüpft.

Die Beziehungsebene ist wichtiger als die Sachebene.
Wenn die Beziehung stimmt, hält eine Ehe auch sachliche Differenzen aus. Eine schlechte Beziehung wird selbst durch sachliche Übereinstimmung nicht gekittet.

Die Ehebeziehung lebt von einer einfühlsamen, wertschätzenden und echten Haltung der Partner zueinander.
Einfühlsam sind die Partner dann, wenn sie die Welt mit den Augen des anderen zu sehen vermögen und auch die Gefühle des anderen wahrnehmen und ausformulieren können.

Wertschätzend sind Partner dann, wenn sie den anderen in seinem Anderssein vorbehaltlos wertschätzen, achten und respektieren und dies dem Partner zeigen können. Dies bedeutet keinesfalls, dass man keine Kritik oder Korrektur üben dürfte. Aber die Beziehung ist von einer grundsätzlichen Wertschätzung getragen.

Echt sind Partner dann, wenn sie einander unverstellt begegnen können. Was sie sagen, stimmt mit dem überein, was sie über den anderen denken und fühlen.

Die Ehebeziehung braucht Qualität und Exklusivität.
Die Partner müssen voneinander wissen, dass sie im Denken, Fühlen und Handeln des anderen einen soliden Platz haben. Ich bin für meinen Partner die Nr. 1, gerade auch in der Krisenzeit.

Obwohl ein Ehepaar in verschiedenen sozialen Systemen lebt (Freundeskreis, Verwandtschaft, Gemeinde), muss die Beziehung exklusiv, ausschließlich sein. Es muss klare Grenzen geben gegenüber den eigenen Eltern, den Kindern, den Schwiegereltern, den Freunden und Bekannten.

Die Ehebeziehung braucht das Ja-Wort des andern.

Zwar wird dieses Ja-Wort bei Standesbeamten oder auch beim Pfarrer in der Kirche öffentlich gesprochen. Dennoch lebt die Ehebeziehung auch davon, dass sich die Partner immer wieder Zeichen für die fortwährende Gültigkeit dieses Ja-Wortes geben und sich darin bestärken. Die Grundsatzentscheidung ist für mich gefallen. Zwei freie Menschen haben sich entschlossen, sich gegenseitig zu binden, ohne einander zu zwingen.

Die Ehebeziehung lebt von einer glückenden Kommunikation.

Diese braucht Zeit. Notvolle Situationen ergeben sich auch in einer Ehe von allein. Schöne Stunden, Gespräche und Entspannung muss man in der Regel planen und einüben. Dort, wo die Kommunikation glückt, haben die Partner gelernt, nicht nur die Sache, den Inhalt, sondern auch die Dinge zwischen den Zeilen zu hören und darauf adäquat zu reagieren. Testfragen für Ehepartner: Wissen Sie, was Ihren Partner freut, glücklich macht, was ihn frustriert? Wissen Sie, wo er Streit, Versagen, Angst erlebt? Wissen Sie voneinander, was Ihnen auch im erotischen und sexuellen Erleben gefällt? Sprechen Sie darüber und nehmen Sie sich dazu Zeit.

Die Ehebeziehung braucht eine von beiden anerkannte Autorität: Jesus Christus. Allein der Gedanke hilft Spannungen unter wieder geborenen Partnern zu relativieren: Mein Partner kann sein, wie er will: Er ist ein Kind Gottes und Jesus liebt ihn. So, wie er auch mich liebt.

Anlässlich eines Vortrages im April 1994 über Beziehungsfragen in der Ehe wurden ca. 80 überwiegend christliche Ehepartner gebeten, in Kleingruppen zusammenzutragen, welche Faktoren ihre **Ehebeziehung hemmen oder fördern**. Die Antworten konnten offen formuliert werden.

Bei der Auswertung ergaben sich durch Mehrfachnennungen folgende Schwerpunkte für die Ehepaarbeziehung.

Was hemmt Ehepaarbeziehungen?

Am häufigsten werden verschiedene oder gegensätzliche Norm- und Wertvorstellungen genannt. Diese hängen mit Unterschieden in der Persönlichkeitsstruktur der Partner zusammen. Damit verbunden sind Machtkämpfe und Übertragungsprobleme (ein Partner schließt positiv oder negativ von sich oder von bestimmten Erfahrungen auf den anderen). Wenn auf diesem Weg unerfüllbare Erwartungen oder Interessen aufeinander stoßen, führt dies Ehepartner nachhaltig in Krisen, die entsprechend negativ erlebt werden.

Auf die Ehepaarbeziehung hemmend wirkt sich auch eine mangelnde Wertschätzung aus. Es gibt keine oder zu wenig Zeit füreinander.

Vielfach werden Probleme in der ehelichen Kommunikation genannt. So der Mangel an Gespräch über Konflikte und Probleme; Kommunikation auf verschiedenen oder verdeckten Ebenen (z. B. spricht man scheinbar erwachsen miteinander, die Gefühle sind aber eher die von Eltern oder Kindern); die Unfähigkeit des Partners, Bedürfnisse und Gefühle mitzuteilen und zu äußern; mangelnde Echtheit in der Beziehung, wodurch Beziehungen als unehrlich und wenig offen erlebt werden.

Mehrfach wurde angemerkt, dass die Entwicklung positiver Beziehungen zwischen Ehepartnern durch wenig Solidarität zum Partner behindert wird. Wenn beispielsweise die Frau in der Gemeinde oder vor den Kindern negativ über ihren Mann spricht, ohne dass er dies in diesem Umfang will oder dem zugestimmt hätte. Dasselbe gilt auch umgekehrt.

Belastend auf die Ehepaarbeziehung wirkt sich beruflicher Stress und Ärger sowie häufige berufsbedingte Abwesenheit des Partners aus.

Als deutliches Problem werden auch zu viele Kontakte des Partners außerhalb der Familie, z. B. zu guten Freunden beschrieben.

Beziehungshemmend sind auch folgende Punkte:

- Die Partner besitzen wenig Kompetenz im Umgang mit Kritik.
- Freizeitaktivitäten sind für den Partner zu speziell und werden von ihm als uninteressant erlebt.
- Der Partner hört gar nicht zu oder zeigt deutlich sein Desinteresse.
- Der Beziehungsalltag bietet zu wenig Abwechslung.

Was fördert Ehepaarbeziehungen?

Hier wurden von den befragten Ehepartnern wichtige „Förderpunkte" der Ehepaarbeziehung genannt:

An erster Stelle ist alles zu nennen, was mit dem Stichwort „gemeinsames Erleben" ausgedrückt werden kann. Es geht um ein gemeinsames Planen und Erleben von „Schönem", um gemeinsame Arbeit und Freizeit und vor allem um Zeit füreinander. Diesen Punkt sehen die Ehepaare als den stärksten Input für ihre Beziehung.

Als nahezu ebenso wichtig für die Ehepaarbeziehung wird die Fähigkeit zu einem offenen und ehrlichen Umgang miteinander gesehen, der es zulässt, Gedanken, Wünsche, Gefühle und Begehrenswertes freimütig zu äußern. Dies entspricht der Echtheit als einem wichtigen Haltungsaspekt für gelingende Beziehungen.

Wenn einerseits mangelnde Kommunikation die Beziehung hemmt, wird die eheliche Kommunikation andererseits – insbesondere wenn sie regelmäßig geschieht – als förderlich hervorgehoben.

Zur uneingeschränkten Wertschätzung des Partners zählt auch die Annahme des Partners, wie er ist. Förderlich ist es, wenn der Partner ernst genommen wird und für seine Stärken und Schwächen Verständnis erfährt. Dies bedeutet nicht, dass man die Meinung des Partners oder seine Sicht zwingend übernehmen müsste. Doch fördert dieses gegenseitige Verständnis in hohem Maße die Beziehung.

Auffallend häufig wurden als förderliche Maßnahmen die

kleinen Aufmerksamkeiten wie Blumen, Geschenke usw. erwähnt. Diese Art der Wertschätzung erzielt offenbar dann eine noch stärkere Wirkung, wenn sie spontan und überraschend zur Geltung kommt.

Zu den Fördermaßnahmen der Ehepaarbeziehung sind auch die folgenden Punkte zu rechnen:

– Zeit für romantische Stimmung, Erotik und Sexualität.
– Freiräume für den Partner, in denen er sich entfalten kann.
– Solidarität mit dem Partner gegenüber anderen Personen.
– Anerkennung der Leistungen des Partners.
– Erfahrbare Einfühlsamkeit, indem der Partner zuhört.
– Verständnis für die Arbeit des anderen.
– Die Wünsche und Gefühle des anderen werden erkannt und berücksichtigt.
– So streiten, dass die gegenseitige Achtung gewahrt bleibt.
– Die Partner sind vergebungsbereit.
– Nach der Kinderphase gelingt es den Partnern, neue gemeinsame Interessen, Werte und Normen zu entwickeln.
– Rollentausch (ein Partner übernimmt kurzzeitig die Funktion des anderen).

Thema: Familie

Harmonie in der Familie!?

Das Ehepaar N. hat zwei Kinder im Alter von neun und sieben Jahren. „Wir wissen nicht, was wir in der Erziehung falsch machen. Selbst kleine Ausflüge geraten zur Katastrophe. Die Kinder benehmen sich nicht, haben keine Lust auf einen Berg zu wandern, motzen im Museum, zanken sich um die linke oder rechte Seite beim Autofahren. Jetzt bekamen sie neue Fahrräder geschenkt. Aber sie fahren lieber mit den Kindern aus der Nachbarschaft um die Wette als mit uns am Sonntagnachmittag. In unserer Kirchengemeinde sehen wir, dass es anderen auch so gehen kann. Sicher, wenn es um Erziehungsfragen geht, sind wir uns als Eltern nicht immer einig. Aber da wollen wir lernen. Ob es uns noch gelingt, wenigstens ein Stückchen Harmonie in die Familie zu bringen?"

Sie können einiges zur Verbesserung Ihrer Situation tun. Die beste Voraussetzung bringen Sie mit: Sie wollen lernen. Aber haben Sie Geduld.

1. Vom Wunschbild zur Realität
Ein erster Schritt ist die realistische Bestandsaufnahme Ihrer Situation. Versuchen Sie, Ihr Familienleben nicht von Wunschbildern aus zu betrachten, sondern so, wie es ist. Wann, wo und durch wen gibt es immer wieder Streit und Auseinandersetzungen? Wann und wo freuen Sie sich über Ihre Kinder und das Familienleben?

2. Alle sitzen in einem Boot

Ihre Familie ist wie ein lebendiger Organismus, der aus verschiedenen Teilen besteht. Wenn ein Glied leidet, betrifft es alle. Wenn Vater und Mutter unterschwellig Streit haben, merken das die Kinder. Sie sind ausgezeichnete Beobachter, auch wenn sie sich sprachlich nicht so gut ausdrücken können. Ihre Unsicherheit oder Schuldgefühle können sie auch durch Rückzug, Aggression oder „Nerven" zeigen. Deshalb ist es schwierig, in der Familie einem Glied die ganze Schuld zuzuweisen. Niemandem gelingt es, seine Kinder ohne Fehler zu erziehen – Ihnen auch nicht.

3. Gespräch als Lebenselixier

Als Erstes brauchen Sie dazu Zeit, viel Zeit – Sie als Ehepaar und dann zusammen mit Ihren Kindern. Gehen Sie auf Augenhöhe. Nehmen Sie Ihre Kinder ganz ernst. Überfordern Sie sie nicht. Sie sind noch nicht in der Lage, abstrakt über ihre Gefühle zu reflektieren oder vernünftig jeden Sachverhalt einzusehen. Verwenden Sie eine konkrete Sprache, und vor allem: Nehmen Sie sie so an, wie sie sind. Es fördert die Stimmung nicht, wenn Sie Ihren Kindern ständig nachweisen, dass sie nicht so sind, wie Sie es sich wünschen. Kinder sind keine kleinen Erwachsenen, sondern eben Kinder.

4. Zielorientiertes Familienleben

Haben Sie konkrete kurzfristige, mittelfristige (ca. ein Jahr) und langfristige (ca. zwei bis drei Jahre) Ziele im Blick? Haben Sie Klarheit, was Sie gemeinsam erreichen wollen? Können Sie Ihre Erziehungsziele für Ihre Kinder beschreiben? Welche Fähigkeiten wollen Sie Ihren Kindern vermitteln? Gibt es gemeinsame Urlaubspläne, Sparpläne, ein gemeinsames soziales Projekt? Je mehr Klarheit Sie bei diesen Themen finden, desto stärker werden sich auch Ihre Kinder in diese Planungen mit hineinnehmen lassen. Wer keine Ziele hat, muss sich nicht wundern, wenn er ganz woanders ankommt.

5. Schaffen Sie gemeinsame Erlebnisse

Beschwerliche Stunden kommen von allein, schöne Stunden müssen Sie planen! Dies gilt für Ihre Ehe wie für gemeinsame Familienunternehmungen. Beziehen Sie bei Ausflügen, Zoobesuchen, Verwandtenkontakten Ihre Kinder bei der Planung mit ein: „Kennt ihr schon den größten Berg in unserer Gegend? Er ist 583 m hoch. Wer kann bis 583 ohne Unterbrechung zählen? Stellt euch vor: Wenn man da hoch will, muss man zwei Stunden gehen. Das müssen wir planen. Wer macht mit? Ok. Am Anfang geht es steil nach oben. Wer ist dafür, dass wir dann eine kurze Pause machen? Schön ..." Solche gemeinsamen, phantasievollen Vorbereitungen motivieren Ihre Kinder.

6. Setzen Sie geistliche Akzente

Leben Sie Ihren Glauben mehr vor, als dass Sie ihn von Ihren Kindern erzwingen. Zeigen Sie Ihren Kindern, wie sehr Sie täglich und in kritischen Situationen mit Jesus Christus rechnen. Auch geistliche Höhepunkte sind wichtig: gemeinsame kindgemäße Gespräche über Gott und die Welt, Bibellesen und gemeinsame Gebete. Gibt es Patenkinder oder Kinder auf dem Missionsfeld, für die Sie alle zusammen beten wollen?

Info

Z. Zt. leben zwischen 55% und 60% der Bevölkerung in Familien. Familien tragen große Lasten für die Gesellschaft: Sie sorgen für Nachkommen, sie tragen die Erziehungsarbeit und leisten erheblichen finanziellen Verzicht (ein Kind kostet in Mehrkinderhaushalten ca. 500 DM im Monat).
Entscheiden sich immer mehr Zeitgenossen für Ungebundenheit und Freiheit und damit gegen die Familie als Lebensform, lernen Ehepaare trotz Streit und Auseinandersetzungen auch

die positiven Seiten des Familienlebens kennen: Heimat finden, Geborgenheit erleben, neue Biografie gewinnen, gemeinsame Werte und Normen entwickeln, ein Experimentierfeld für neues Verhalten haben, Gefühle können ausagiert werden: lachen, weinen, versagen, trauern, wütend sein. Familie ist auch der Ort, an dem ihre einzelnen Glieder Entwicklungsaufgaben in ihrer Persönlichkeit angehen und bewältigen können.

Unter einem Dach

Ein Mann, 39 Jahre alt, verheiratet, zwei Kinder, beschreibt seine Situation: „Das Leben mit den Schwiegereltern in unserem Haus ist sehr schwer geworden. Und das, obwohl wir alle Christen sind. Vor fünf Jahren zogen wir in das geräumige Haus der Eltern. Sie blieben in der unteren Etage, wir bauten die beiden oberen aus. Die Eltern überschrieben uns das Haus notariell. Wir vereinbarten ein lebenslanges Wohnrecht für sie und die Auszahlung der zwei Geschwister meiner Frau. Jetzt haben wir über 400.000 DM Bankschulden. Unsere Kinder haben viel Platz zum Spielen und fühlen sich sehr wohl. In die Gemeinde sind wir als Mitarbeiter fest integriert. Auch der Gedanke: Zins und Tilgung statt Miete ging auf. Und dennoch fragen wir uns, ob es wirklich eine Führung durch Gott war? Meine Schwiegereltern beobachten jeden Schritt. Komme ich von der Arbeit heim, kommentieren sie auf dem Flur alle Begebenheiten des Tages: die ungehorsamen Kinder, das Chaos im Keller – noch ehe ich meine Frau sehen kann. Selbst in die Erziehung mischen sie sich ein. Meine Frau fühlt sich wie die kleine Tochter von früher. Wir beten täglich um Veränderung, aber es tut sich nichts. Finanziell sind wir gebunden, sodass wir nicht einfach ausziehen können. Haben Sie einen Rat?"

Auch ich habe für Sie keine Patentlösung. Prüfen Sie bitte, welchen der nachfolgenden Wege Sie gehen können. Überdenken Sie jeden Schritt auch im Gebet.

1. Versuchen Sie ein gemeinsames Gespräch
Kennen Sie die Perspektive Ihrer Schwiegereltern? Es ist gut möglich, dass diese – notarielle Überschreibung hin oder her – Ihr Haus immer noch als das eigene ansehen. Womöglich haben sie es sich vom Mund abgespart. Vielleicht verstehen sie

nicht, dass jetzt in „ihren" vier Wänden andere Regeln der Ordnung gelten sollen. Rechnen Sie damit, dass Ihre Eltern sich dieser Gefühle nicht bewusst sind. Womöglich ahnen sie nicht einmal, welche Nöte Sie als Familie erleben. Daher mein Vorschlag: Suchen Sie den Rat eines therapeutischen Seelsorgers in Ihrer Nähe. Er kann Ihnen weitere Tips geben und vor allem bei einem Familiengespräch vermittelnd helfen.

2. Ein wichtiger Schlüssel zur Veränderung liegt bei Ihnen
Ob und wie Sie rechtliche und finanzielle Auswege finden, kann ich nicht beurteilen. Hier benötigen Sie fachmännischen Rat. Zusätzlich können Sie beginnen, verstärkt auf die positiven Seiten Ihrer Wohnsituation zu achten. „Zwar nörgeln die Großeltern an unserem Lebensstil herum, aber wenigstens fühlen sich unsere Kinder wohl!" „Die Eltern verändern sich zwar nur sehr schwer, aber wir wollen bewusst die Vorteile genießen." „Unsere Lage ist zwar sehr schwer, aber wie viele haben in ihrem Wohnblock mit ungerechten Nachbarn noch größere Not." Üben und wiederholen Sie diese Gedanken häufig in Ihrem Herzen.

3. Gewinnen Sie mehr Autonomie als Familie
Sagen Sie sich: „O.k., die Eltern haben zwar ein anderes Verständnis von Ordnung. Aber wir sind wir und sie sind sie." Pflegen Sie intensiv die Beziehung zu Ihrer Frau und zu Ihren Kindern. Planen Sie gemeinsame Unternehmungen. Schaffen Sie sich Freiräume und Nischen als Familie. So gewinnen Sie mehr Souveränität. „Ihr seid zwar dagegen, aber als Familie freuen wir uns auf das gemeinsame Wanderwochenende mit unseren Freunden aus der Gemeinde." Je mehr Sie als Familie zusammenhalten, desto freier werden Sie. Dann dürfen Sie sogar damit rechnen, dass Ihre Eltern Sie zunehmend respektieren und dies Ihre Beziehung gerade unter der gemeinsamen Autorität von Jesus Christus verbessern wird.

Das Zusammenleben von mehreren Generationen unter einem Dach erfordert eine hohe soziale Kompetenz. Die Beteiligten sollten u. a. in der Lage sein,

- sich abzugrenzen und „Nein sagen" zu können,
- Schwächen und Fehler einzugestehen und sich zu entschuldigen,
- um einen Gefallen zu bitten,
- Gefühle offen zu zeigen und zu kommunizieren,
- kritik- und korrekturfähig zu sein,
- sich gegenseitig Freiheit zuzugestehen.

Gemeinsame Überzeugungen müssen entwickelt werden („Wir helfen uns gegenseitig." Oder: „Wir halten als Familie zusammen!"). Solche Prozesse fallen leichter, wenn man Gemeinschaft pflegt (Feste feiern, spielen, ein gemeinsames Projekt verfolgen und sich am persönlichen Erleben gegenseitig Anteil geben). Müssen Eltern lernen, ihre Kinder als gleichrangige Mitbewohner zu respektieren, stehen die Kinder vor der Aufgabe, trotz der notwendigen Selbstständigkeit die Eltern lebenslang zu respektieren und sie im Sinne des 4. Gebotes zu achten. Mit Erlangung der Mündigkeit (in Teilbereichen bereits ab dem Teeniealter) endet die Gehorsamspflicht der Kinder. Es ist bedauerlich, dass in unserer Gesellschaft diese Fähigkeiten zu einem solchen Zusammenleben nur selten vermittelt werden. Der gemeinsame Glaube ist noch kein Garant für das Leben unter einem Dach.

Das liebe Geld

„Mein Mann und ich haben schon manchen Konflikt geklärt. Aber beim Geldausgeben gibt es immer wieder Streit", so die 37-jährige Frau T. „Ich finde, dass wir als Christen stets helfen sollen, wo Not ist. Mein Mann sieht das anders. Er spart und spart. Es sei seine christliche Pflicht, seiner Familie ein Eigenheim zu schaffen. Für die Kinder darf ich kaum Neues kaufen, immer nur Gebrauchtes. Mich macht dieses Sparen noch verrückt. Nur wenn ich von meinem knappen Haushaltsgeld etwas abzweige, kann ich mir einen Konzertbesuch mit meiner Freundin leisten. Natürlich bin ich froh, dass mein Mann das Geld verwaltet. Das war noch nie meine Stärke. Aber wo steht denn in der Bibel, dass wir als Christen nicht auch einmal etwas genießen dürfen? Ein gemeinsames Gespräch über dieses Thema ist fast nicht mehr möglich. Ich bin sehr enttäuscht. Mein Mann weiß, dass ich mich an Sie wende, und ich hoffe, dass Sie für uns beide eine Antwort haben."

Nun könnte ich natürlich versuchen, Ihren Konflikt mit verschiedenen Bibelworten zu lösen. Doch bin ich davon überzeugt, dass sowohl Ihr Mann als auch Sie für Ihre jeweilige Position genügend Bibelstellen nennen könnten. Ich habe den Eindruck, dass Ihre unterschiedlichen Vorstellungen auch mit Ihren jeweiligen Strebungen nach Besitz zu tun haben. Deshalb schlage ich folgenden Weg vor:

1. Suchen Sie das offene Gespräch

... auch wenn es Ihnen schwer fällt. Sollte es wirklich nicht möglich sein, dann suchen Sie doch gemeinsam seelsorgerliche Hilfe. Warum sollten Sie nicht auch diesen Konflikt gemeinsam lösen können?

2. Akzeptieren Sie Ihre unterschiedlichen Strebungen

Schon Paulus schreibt, dass es ganz verschiedene Menschen gibt (vgl. 1. Kor 12,12ff.). So strebt Ihr Mann offenbar stärker nach Besitz, nach Sachwerten, nach finanzieller Sicherheit, als Sie dies tun (vgl. den Infokasten). Sie dagegen spenden gerne für Bedürftige oder für eine gute Sache oder genießen gute Musik, ein gutes Essen oder modische Kleidung. Bedenken Sie, dass viele Reaktionen Ihres Mannes viel weniger aus böser Absicht Ihnen gegenüber erfolgen, sondern weil er andere Werte und Strebungen hat. Es wäre ein wichtiger Schritt, zu akzeptieren, dass Sie hier nicht nur verschieden sind, sondern dass dies auch o.k. ist.

3. Ihre Strebung kann zur Sünde werden

Aus dem Wunsch, überaus stark über Geld und Sachwerte verfügen zu können, kann Geiz werden. Und umgekehrt: Aus grenzenlosem Genuss kann eine Verschwendungssucht werden. Vermutlich trifft beides nicht auf Sie zu. Aber ich will Ihnen auch die geistlichen Grenzen eines überzogenen Umgangs mit Geld aufzeigen, wie wir dies im Neuen Testament immer wieder finden.

4. Suchen Sie einen mittleren Weg

Doch, dies ist möglich, auch wenn Sie es sich zunächst nicht vorstellen können.

- Sie können lernen, nicht länger Opfer Ihrer Strebung zu sein, sondern bewusst mit ihr umzugehen. Wie kann man dies schaffen?

- Indem Sie sich auf die Mitte Ihrer Beziehung und Ihres Lebens konzentrieren: Sprechen Sie morgens im Gebet mit Jesus Christus diese Fragen bewusst durch. Schauen Sie mit Ihrem inneren Auge auf das Kreuz. Sie werden erleben, wie dadurch das Geld entmachtet und die Gefahr zum Geiz wie auch zur unkontrollierten Geldausgabe geringer wird.

- Vereinbaren Sie einen gemeinsamen Haushaltsplan. Wie viel wollen Sie gemeinsam sparen, wie viel Geld wollen Sie sich gegenseitig als freien Verfügungsbetrag einräumen, über den jeder wirklich frei verfügen kann?
- Versuchen Sie Spenden und Opfer gemeinsam zu verabreden; wem wollen Sie wann und wie viel geben?
- Haben Sie schon einen Vermögenssparvertrag gemeinsam abgeschlossen?
- Versuchen Sie einmal die Rollen zu tauschen. D. h., Sie argumentieren in einer konkreten Situation aus dem Blickwinkel Ihres Mannes und umgekehrt. Dies kann für Sie beide sehr befreiend sein, ja sogar humorvoll, wenn Sie erleben, wie Sie jeweils mit der Perspektive des anderen experimentieren.
- Beziehen Sie Ihre Kinder kindgemäß in die gemeinsam gefundene Linie beim Umgang mit Geld ein. Dies fördert das Mitdenken der Kinder und lehrt sie konkrete Schritte, wie man trotz unterschiedlicher Sichtweisen einen gemeinsamen Weg finden kann.
- Fangen Sie heute – wenn es irgendwie möglich ist – mit einem dieser Schritte an. Unser Herr wird Sie segnen.

Info

Das Streben nach Besitz ist eine menschliche Grundstrebung. Sie ist sehr unterschiedlich ausgeprägt. Dies kann in Ehebeziehungen, aber auch in der Gemeinde zu Spannungen führen. Der eine strebt stark nach Geld, Immobilien, Sachwerten und will darüber verfügen, dem anderen sind diese Dinge fast gleichgültig, solange die Grundversorgung gewährleistet ist. Die Bibel hat nichts gegen Eigentum; sie plädiert dafür, dass Menschen mit den ihnen anvertrauten Gaben verantwortlich umgehen sollen, so, dass sie abgeben können (Eph 4,28). Aber sie markiert auch die Gefahr des „ungerechten Mammons", dass er Macht über den Menschen ausübt und als Habgier zu einer Art Ersatzgott wird (Lk 16,10-13; Kol 3,5).

Damit aus der menschlichen Grundstrebung nach Besitz weniger Probleme für die Beziehungen untereinander erwachsen, beschreibt die Bibel einen gangbaren Weg: Die Beziehung zu Jesus Christus soll das Streben nach Besitz überlagern. Dadurch entwickelt sich das Geld als bisher Wichtigstes zum Zweitwichtigsten. Und aus Desinteresse an Besitz kann so ein hilfreiches Verantwortungsgefühl für das gemeinsame Haushaltsbudget erwachsen.

Konflikt in der Familie

Frau B. klagt: „Ich wende mich an Sie, weil die Auseinandersetzungen in unserer Familie am vergangenen Wochenende unerträglich geworden sind. Ich hätte nicht gedacht, dass uns so etwas passieren würde. Es gibt viel Streit zwischen meinem Mann und meinem 16-jährigen Sohn. Eine Kleinigkeit wie die Frage, wer den Rasen mäht, gerät zum großen Konflikt. Oder die Frage, ob der Sohn in eine junge, sehr lebendige freie Gemeinde gehen darf oder nicht. Manchmal habe ich den Eindruck, es geht nur darum, wer über den anderen bestimmt. Mein Mann signalisierte mir, dass er oft auch nicht mehr weiß, wie er sich verhalten soll. Können wir unseren Sohn überhaupt noch erziehen?"

Natürlich ist dies möglich. Doch in der Regel nur dann, wenn die Erziehung schon vorher gegriffen hat und Sie altersgemäße Formen wählen. Sie sind in der Begegnung mit Ihrem Sohn in eine Sackgasse geraten. Wer hat das Sagen? Und womöglich erleben beide Seiten das Nachgeben als Niederlage. Ich möchte Ihnen einige Hinweise geben, durch die Sie Ihre Situation besser verstehen können.

1. Jugendliche entwickeln sich und vieles muss ganz neu ins Lot gebracht werden

- Sie suchen in der Gruppe der Gleichaltrigen Schutz und Sicherheit – nicht mehr so sehr bei den Eltern.
- Sie streben nach Unabhängigkeit in ihren Gefühlen und in ihrem Verhalten. Zumeist geht dies mit dem Widerstand gegen herkömmliche Autoritäten, Regeln und Gewohnheiten einher. Dabei isolieren sie sich manchmal.
- Sie erleben starke Gefühle der Einsamkeit, fühlen sich nicht verstanden.

- Sie sind stark leistungsorientiert. Sie haben den Wunsch, gebraucht zu werden, etwas bewirken zu können.
- Sie wollen sich körperlich betätigen und darin anerkannt werden.
- Sie nehmen neue Gefühle wahr, wissen aber noch nicht, wie sie damit umgehen sollen. Das macht sie zuweilen impulsiv und gefühlsmäßig unberechenbar.
- Sie wollen experimentieren und ausprobieren. Haben Freude am Risiko und suchen „Kick-Erlebnisse". Die Meinung der Gleichaltrigen ist viel wichtiger als diejenige der Eltern.
- Gerade in Fragen des Glaubens sind sie offen für Glaubensstile, die „zum Anfassen" sind, zu neuen Erfahrungen führen.

2. Beten Sie für Ihren Sohn und lieben Sie ihn

Einen Menschen zu lieben, heißt auch: Ich entschließe mich, ihn so anzunehmen, wie er ist. Das tat auch Jesus mit uns Erwachsenen. Das bedeutet nicht, dass Sie alles bejahen müssen, was Ihr Sohn macht. Aber es könnte Ihnen verstärkt gelingen, ihn in seinem Erleben ernst zu nehmen, ihn zu verstehen und ihm dies zu signalisieren.

3. Haben Sie Geduld und halten Sie die Spannungen aus

Die Beziehung zu Ihrem Sohn braucht Nähe und Distanz, klare Grenzen und große Freiheit, Lenkung und Mündigkeit. Wenn nur Regeln bestehen, fehlt die Freiheit. Und wenn es keine Grenzen gibt, fehlt die Orientierung. Beides ist notwendig. Prüfen Sie sich, wo Sie stärker an die Selbstverantwortung Ihres Sohnes appellieren und ihn freigeben können. Oder wo Sie um Ihrer selbst willen klare Grenzen setzen müssen, damit das Zusammenleben in der Familie nicht gefährdet wird. Suchen Sie den mittleren Weg.

4. Sprechen Sie mit Ihrem Sohn offen über die Konflikte

Es ist wichtig, dass auch Ihr Sohn erfährt, wie es Ihnen geht, in welcher Lage Sie sich befinden, welches Ihre Sorgen und Ängste sind. Fragen Sie ihn, welche Möglichkeit er sieht, um den einen oder anderen Punkt anzugehen. Nochmals, das bedeutet nicht, dass Sie Ihrem Sohn in allem zustimmen sollen. Aber er ist ein Mensch, der ernst genommen werden will und der in anderen Beziehungen zu Erwachsenen durchaus sehr „vernünftig" sein kann. Sprechen Sie mit ihm in der Haltung, wie Sie mit anderen Jugendlichen oder jungen Erwachsenen reden würden.

5. Geben Sie Ihrem Sohn in geistlichen Fragen viel Freiheit

Kinder, die in christlichen Familien aufgewachsen sind und zu eigenem Glauben gefunden haben, schätzten an ihren christlichen Eltern besonders folgende Punkte: Deren Glaube war konsequent und durchdrang ihr praktisches Leben. Sie zwangen ihre Kinder nicht zum Glauben oder zu einem bestimmten Glaubensstil. Sie nahmen ihre Kinder in geistlichen Fragen als Weggefährten ernst und begegneten ihnen gerade in geistlichen Fragen mit viel Achtung und gegenseitigem Respekt.

Info

Bei kleinen Problemen suchen Jugendliche den Austausch mit Gleichaltrigen. Bei großen Problemen wenden sie sich häufig an die Eltern, bei schweren Konflikten an niemanden. Jugendliche haben große Aufgaben zu bewältigen:

- Ihr Denken, Fühlen und Handeln wieder ins Gleichgewicht bringen (Identitätsfindung).
- Annehmen der eigenen körperlichen Erscheinung („Warum habe ich dieses Gesicht oder diese Figur?").
- Die männliche und weibliche Rolle erwerben und einüben.

- Neue und reife Beziehungen zu Gleichaltrigen (Peers) beiderlei Geschlechts aufbauen.
- Emotionale Unabhängigkeit besonders von den Eltern entwickeln.
- Vorbereitung auf das Berufsleben.
- Vorbereitung auf Heirat und Familienleben.
- Sozial verantwortliches Verhalten einüben.
- Aufbau eines Wertesystems als Richtschnur für das eigene Verhalten (die überkommenen Glaubensüberzeugungen müssen als eigene Überzeugungen entdeckt und angenommen werden).
- Entwicklung einer eigenen Zukunftsperspektive.

Vergeben ja, vergessen nie?

Herr G., 45 Jahre alt, berichtet: „In den letzten drei Monaten habe ich viel Schlimmes erlebt. Kurz nach dem Tod meines Vaters ist jetzt auch noch meine Mutter gestorben. Aber noch bedrückender ist der Streit mit meiner älteren Schwester. Schon immer wollte sie das Sagen haben. Doch dass sie jetzt Anspruch auf den größten Teil unseres gemeinsamen Erbes erhebt, betrübt mich sehr. Sicher, sie hat die letzten drei Jahre die Pflege der Eltern übernommen. Aber immerhin übernahm ich diesen Dienst alle 14 Tage, obwohl ich jedes Mal über zwei Stunden fahren musste. Früher sind wir besser zurechtgekommen. Doch seit zehn Wochen ist der Familienfriede dahin. Bei der Beerdigungsfeier warf sie mir in Gegenwart unseres Onkels, der Cousinen und einiger Geschwister aus der Gemeinde vor, dass ich keine Verantwortung übernommen hätte. Jetzt müsste ich eben die Konsequenzen tragen. Bald ist ihr Geburtstag. Da habe ich mir vorgenommen, ihr zu vergeben. Doch es gelingt mir nicht, obwohl ich bewusst als Christ lebe. Immer wieder stehen mir die verletzenden Worte meiner Schwester vor Augen. Wissen Sie mir einen Rat?"

Gott mutet Ihnen gegenwärtig sehr viel zu: Sie trauern um den Tod Ihrer Eltern, Sie streiten mit Ihrer Schwester um das Erbe. Dabei erleben Sie den inneren Konflikt, Ihr vergeben zu wollen und es doch nicht zu können. Haben Sie deshalb Geduld mit sich und lassen Sie sich zeitlich nicht unter Druck setzen. Im Blick auf die konkreten Erbfragen sollten Sie sich z. B. mit Ihrem Notar beraten.

Zum Thema Vergebung kann ich Ihnen aus der Praxis der Seelsorge einige Hinweise geben:

1. Vergebung hat auch einen menschlichen Zug

Christen haben zum Vergeben die besten Voraussetzungen: Sie wissen sich von Gott angenommen und wertgeschätzt, weil ihnen Jesus Christus selbst die Vergebung ihrer Schuld zugesprochen hat. Daneben hat Vergeben auch viel mit der Art des Denkens über eine bestimmte Verletzung und die daraus entstehenden Gefühle zu tun.

Wer vergeben kann, beginnt die erlittene Verletzung nicht mehr nachzutragen. Er betrachtet sie als abgeschlossen und vergangen. Schuldzuweisungen oder der Wunsch nach Vergeltung treten zurück.

2. Vergeben ja – vergessen nie?

An diesem Satz ist etwas Richtiges dran. Was geschehen ist, kann man nicht ungeschehen machen – das kann nur Gott. Deshalb werden Sie den Streit mit Ihrer Schwester auch nicht ignorieren, „verdrängen" oder vergessen können. Wenn Sie zu vergeben lernen, werden Sie jedoch anders über die damalige Verletzung nachdenken. So ändern sich auch Ihre Gefühle. Wut, Enttäuschung, Ärger nehmen ab: „O.k., es ist geschehen, ich schaue nach vorn." So beginnen Sie bei sich selbst, Ihrer Schwester zu vergeben.

3. Was das Vergeben erleichtert

– Setzen Sie sich mit sich selbst und Ihrer Sichtweise auseinander. „Was ist mein Anteil an diesem Konflikt?" „Sehe ich die Sache richtig?" „Bin ich aus Eitelkeit gekränkt?" „Was kann ich daraus für die Zukunft lernen?"

– Versuchen Sie die Perspektive Ihrer Schwester zu übernehmen: „Wie hätte ich an ihrer Stelle gehandelt?" „Was hat sie bewogen, derart hart zu sprechen?"

– Machen Sie sich die Konsequenzen solcher Schuldzuweisungen klar: „Lohnt es sich, an diesem Punkt weiter zu grübeln?" „Was nützen mir Hass und Rachegedanken?" „Gefährde ich dadurch nicht meine Gesundheit?"

- Orientieren Sie sich an Jesus Christus: „Vater, vergib ihnen, denn sie wissen nicht, was sie tun" (Evangelium nach Lukas, Kapitel 23, Vers 34). Mit dieser betenden und vergebenden Haltung konnte Jesus seinen Henkern begegnen.

4. Was sind Folgen des Vergebens?

Sie werden aufhören, über jenes Ereignis so viel zu grübeln. Sie können Ihre Schwester auch positiver einschätzen und ihr zukünftig gelassener begegnen. Sie werden durch diesen Konflikt wachsen. Viele Gefühle werden sich verändern: Innere Ruhe kann sich ebenso einstellen wie Erleichterung und Entspannung. Sie gewinnen wieder Hoffnung für die Beziehung zu Ihrer Schwester. Menschen berichten vom Vergeben, wie hilfreich sich dies auf ihr körperliches Empfinden ausgewirkt hat: „Das wird deinem Leibe heilsam sein und deine Gebeine erquicken" (Spr 3,8).

Info

Vergeben ist allen Menschen möglich (vgl. Untersuchungen von R. Tausch). Intensiv wird sie seit Jahrhunderten in christlichen Gemeinden praktiziert. Zunehmend entdecken auch psychotherapeutische Schulen diese Chance. Beim Vergeben sind drei Aspekte zu unterscheiden:
1. *Psychologisch*: Es finden starke innerpsychische Prozesse statt, die das Denken, Fühlen und Handeln betreffen. Der verletzte Mensch kommt zu einer Neubewertung des traumatischen Ereignisses. Dadurch baut er Aggressionen gegenüber der verletzenden Person ab.
2. *Theologisch*: Geschehene Schuld kann nur von Gott rückgängig gemacht bzw. gelöscht werden. Christen, die dies im eigenen Leben erfahren haben, haben die besten Voraussetzungen zum Vergeben.

3. *Somatisch*: Wer vergeben kann, erlebt die positiven Auswirkungen auf seinen Körper.

Vergeben wird dadurch erschwert, dass nur wenig Bereitschaft vorhanden ist, die Erinnerungen an die Verletzung sowie das stolze Rechthabenwollen aufzugeben. Langes „Aufarbeiten" dieser alten, z. B. durch Eltern verursachten Traumata kann zu einer „Verliebtheit" in diese Gefühle führen und das Entwickeln neuer Lebensperspektiven blockieren.

In der Krise

Frau U. erzählt: „Unser ältester Sohn macht uns große Sorgen. Obwohl er seit einem Jahr sein Diplom in der Tasche hat, schafft er den Einstieg in seinen Beruf nicht. Zwar bekommt er Stellen angeboten. Das Problem liegt jedoch mehr bei ihm. Entweder traut er sich die Arbeit nicht zu, oder er hat Angst vor dem Neuen. Gelegentlich schreibt er Bewerbungen. Kommt es zu einem Vorstellungsgespräch, führt auch dies nicht zum Erfolg. Dabei hat er gut abgeschlossen, war auch sonst aktiv. In unserer Gemeinde leitete er mit seinem Freund die Jugendgruppe, ehe die Prüfungen anfingen. Mein Mann sagt immer: ‚Von einem 26-jährigen Menschen erwarte ich mehr Mumm!‘ Dies führt dann oft zu sehr unschönen Szenen bei uns daheim. Unser jüngerer Sohn hat es problemlos geschafft. Ich glaube, unser Ältester steckt in einer ernsten Krise. Manchmal fragen wir uns, ob er überhaupt einen Start durchhalten würde. Können Sie uns eine Hilfestellung geben?"

Gerne will ich Ihnen als Eltern einige Hinweise geben. Aber, wie Sie selbst sagen, braucht in erster Linie Ihr Sohn Hilfe. Doch dabei muss er sich selbst aufmachen, um Beratung beim Arbeitsamt oder Hilfe bei einem Seelsorger zu finden. Erst dann wird erkennbar sein, wie die Situation bei Ihrem Sohn konkret zu beurteilen ist. Sie als Eltern können ihn auf diesem Weg begleiten.

1. Ihr Sohn hängt fest

In der Tat steckt Ihr Sohn in einer entwicklungsbedingten Krise. Allen, die ausgebildet wurden, steht der Sprung ins „kalte Wasser" des konkreten Berufslebens bevor. Eine Zeit der Krise. Bisher war vieles überschaubar, vertraut und geordnet. Der Ausbildungsplatz, die Wohnverhältnisse und der Freundeskreis. Jetzt liegt vor Ihrem Sohn ein unbekanntes und weites Gelände. „Wo führt der Weg hin? Werde ich es schaffen? Was erwartet mich auf dem Weg? Werde ich Freunde finden? Sollte ich nicht doch noch eine weitere Ausbildung machen? Alle werden merken, dass ich ein einfacher Anfänger bin!" In dieser Krise ist Ihr Sohn hin- und hergerissen. Mal zieht es ihn mehr nach vorne. Mal sucht er wieder die vertraute Sicherheit des Bewährten. Eine eindeutige Orientierung fehlt ihm.

2. Lassen Sie Ihren Sohn entscheiden

Sehen Sie Ihren Sohn als erwachsenen Menschen an, der für sich selbst die Verantwortung hat. Er muss selbst entscheiden und diese Krise durchkämpfen. Schimpf und Schelte helfen nicht weiter. Versuchen Sie, ihm so zu begegnen, wie Sie es tun würden, wenn er bereits eine feste Stelle hätte. Behandeln Sie ihn durchgängig als erwachsenen Menschen. Dies bedeutet auch, dass Sie die Konsequenzen seiner Entscheidungen nicht über Gebühr abfedern sollten. So lebt Ihr Sohn zwar in Ihrem Haushalt mit. Aber Sie sind nicht verpflichtet, ihm quasi ein kleines Gehalt zur Verfügung zu stellen.

3. Vermitteln Sie Zuversicht

Es ist wichtig, dass Sie Ihrem Sohn geistlich und menschlich Hoffnung vermitteln. Seine Lage ist momentan für ihn sehr schwer. Dennoch können Sie ihm sagen: „Du wirst deinen Platz finden und Gott wird dich dabei begleiten!" Achten Sie bei diesem Satz auch darauf, wer etwas tut. Sie vermitteln: „Du wirst finden" und nicht nur: „Lass dich führen ..." Es ist von großer Bedeutung, dass Menschen gerade auch in der Krise erkennen, dass sie selbst aktiv sein müssen. Das Durcheinander ergibt sich in der Regel von allein. Konstruktive Wege muss man planen und aktiv angehen. Wenn Sie einen Hinweis auf eine freie Stelle haben, dann rufen nicht Sie für Ihren Sohn an, sondern geben Sie ihm die Telefonnummer weiter, damit er selbst zum Hörer greift.

4. Die Chance der Krise

Geben Sie Ihrem Sohn – sofern er es will – Raum. Rechnen Sie damit, dass er sehr wechselhafte Gefühle erlebt: von der freudigen Zuversicht bis zur Aggression gegen Sie als Eltern. Im Nachhinein wird es Ihnen Ihr Sohn danken, dass er bei Ihnen offen auch zu seinen Gefühlen stehen konnte. Wenn Sie ihm so begegnen, drücken Sie darin auch die Wertschätzung und Einfühlsamkeit aus, die Ihr Sohn jetzt dringender braucht als zuvor. Indem Sie als Eltern dies tun, schaffen Sie gute Voraussetzungen, dass der notwendige Veränderungsprozess in seinem Denken und Handeln Schritt für Schritt in Gang kommen kann und für Ihren Sohn so aus der Krise eine Chance wird.

Info

Man kann verschiedene Kategorien von Krisen unterscheiden: (1) entwicklungsbedingte und (2) akzidentelle Krisen (Unfälle, Krankheiten). Krisen sind Zeiten des Übergangs von einem vertrauten Ort hin zu einem noch unbekannten. Menschen müssen Lebenssituationen neu bewerten, andere Perspektiven entwickeln und zu einem neuen Verhalten finden. Darin liegt die Chance jeder Krise. Zwar sind Menschen über Wochen oder Monate hin- und hergerissen, weil sie sich einerseits am Vergangenen oder aber am Kommenden orientieren. Doch gehört es zu den psychischen Gesetzmäßigkeiten im Menschen, dass er in der Lage ist, zu lernen, sich an neue Situationen anzupassen und sich damit zu verändern.

Lebenskrisen werden insbesondere dann schwer erlebt, wenn ohnehin sensible Lebensphasen durchschritten werden. Dazu zählt man z. B. neben der frühen Kindheit (3-6 Jahre) auch die Pubertät und die Adoleszenz (den Übergang in das Erwachsenenalter). Junge Menschen verändern sich in ihrer Gestalt und erleben Identitätsprobleme. Sensible Lebensphasen im

Erwachsenenalter stellen die Lebensmitte und vor allem auch das Hinausgehen aus dem Beruf dar. Grundsätzlich gilt, dass Menschen in diesen Zeiten mehr denn je auf die Liebe, die Annahme und Wertschätzung durch andere angewiesen sind. Dies sind wichtige Grundlagen für die anstehenden Veränderungen.

Ganzheitliche Sexualerziehung

Die Eltern der neunjährigen Anke sind ratlos: „Seit der 3. Klasse kommt unsere Tochter immer wieder mit obszönen Ausdrücken nach Hause. Von einem Nachbarkind haben wir gehört, dass sie ‚ficken' spielen wollen. Uns kommt es vor, als sei da plötzlich etwas unkontrolliert in ihr Leben eingebrochen. Eigentlich hatten wir uns vorgenommen, unsere beiden Kinder – Steffen ist sieben Jahre alt – so etwa ab dem zehnten Lebensjahr aufzuklären. Deshalb haben wir das Thema Sexualität im Gespräch mit unseren Kindern bisher vermieden. Zugegeben, uns selbst fällt es auch als Eltern nicht leicht, miteinander über solche heiklen Themen zu sprechen. Haben Sie für die Geschlechtserziehung eine Empfehlung für uns?"

Es gibt viele Aufklärungsbücher. Aber ich bin mir nicht sicher, ob Ihnen diese allein weiterhelfen. Denn aus Ihren Zeilen spüre ich, dass das Thema Sexualität sowohl bei Ihnen selbst, als auch in der Begegnung mit Ihren Kindern „heikel" ist.

1. Ihre Kinder wachsen in einer sexualisierten Gesellschaft auf

In einschlägigen Jugendzeitschriften, die auch unter Grundschülern kursieren, finden sich fast pornographische Darstellungen. In kirchlichen Jugendheften kann man lesen, wie jungen Teenagern Mut zu möglichst baldigem Geschlechtsverkehr gemacht wird. Solche äußeren Einflüsse können Kinder und Jugendliche sexuell anregen. Sexuelle Lust wird zum Maßstab und aus der notwendigen Einbindung in eine verantwortliche Ehebeziehung herausgelöst.

2. Beginnen Sie selbst miteinander offen über Sexualität zu reden

Je mehr Sie sich über Ihre sexuellen Bedürfnisse und Ängste offen austauschen können, desto leichter wird Ihnen auch das Gespräch mit Ihren Kindern fallen. Je früher Sie mit Ihren Kindern reden, desto weniger können andere Informationsgeber sie beeinflussen. Gewinnen Sie gerade bei Ihrer Tochter die Initiative zurück. Wenn Ihre eigenen Schwierigkeiten das Gespräch mit Ihren Kindern verhindern, mache ich Ihnen zu therapeutischer Eheseelsorge Mut.

3. Sehen Sie Sexualerziehung ganzheitlich

Sexualität hat viele körperliche Aspekte, über die Kinder aufgeklärt werden müssen. Entscheidend wichtig ist jedoch, dass Sie über das Liebhaben insgesamt sprechen. Verbinden Sie beim Reden über Sexualität auch positive Werte und Gefühle („Wenn Mama und Papa miteinander schmusen, dann macht uns das ganz viel Freude …"). Schließlich ist es wichtig, biblische Maßstäbe bei der Sexualerziehung zu vermitteln, da sie sich seit Jahrtausenden bewährt haben.

4. Sehen Sie Sexualerziehung im Verbund mit anderen Erziehungszielen

- Lehren Sie Ihr Kind, über Gefühle zu sprechen und Bedürfnisse zu erkennen, zu äußern und auch durchzusetzen. Damit erwirbt es auch wichtige Kompetenzen, mit seinen sexuellen Bedürfnissen verantwortlich umzugehen.
- Lehren Sie Ihr Kind, Perspektiven anderer Menschen zu übernehmen. Sie können das ab dem fünften oder sechsten Lebensjahr zunehmend lernen. Es ist für das spätere Sexualverhalten in der Ehe wichtig, sich die Perspektive und die Bedürfnisse des Partners vorstellen zu können.
- Lehren Sie Ihr Kind, zu genießen und zu verzichten. Auf diese Weise können Ihre Kinder später als Ehepaar leichter mit Zeiten sexueller Frustration und sexueller Erfüllung

umgehen. Beides kann zum Sexualleben gehören: Lust und Frust.

- Lehren Sie Ihr Kind, sich anzupassen und sich durchzusetzen, zu „dienen" und „sich dienen zu lassen". Es ist wichtig, dass Ihre Kinder lernen, sich auch an die Bedürfnisse des anderen anzupassen und trotzdem in der Lage zu sein, sich z. B. gegen aufdringliche sexuelle Wünsche zu wehren.

- Lehren Sie Ihr Kind, zu glauben, zu hoffen, zu beten, in der Bibel zu lesen, aber auch Zweifel, Enttäuschungen betend vor Gott auszuformulieren. Es entlastet Ihr Kind, wenn es gelernt hat, auch „heikle" Gefühle vor Gott ehrlich auszusprechen und unter seiner Autorität zu bedenken.

- Lehren Sie Ihr Kind, dass Sie als Eltern über eigene Fehler sprechen und sich über Erfolge freuen können. So wird es ihm später leichter fallen, sich bei sexuellen Problemen gegenüber dem Partner zu den eigenen Fehlern stellen und sich über gemeinsames positives Erleben freuen zu können.

Familienleben: Nur ja keinen Streit vermeiden!?

Wer sehnt sich nicht nach Frieden und Harmonie in christlichen Ehen und Familien? Doch die Wirklichkeit sieht oft anders aus. Im täglichen Miteinander erleben viele Christen mit ihren Eltern oder Kindern die größten Niederlagen. Friede und Harmonie wollen oftmals nicht gelingen. Es mag sein, dass sich der Streit unterschwellig zeigt. Es „fliegen" keine Türen. Auch hört die Nachbarschaft kein lautes Schreien oder nervenden Streit. Dennoch ist die Stimmung oft gedrückt. Es ist bewundernswert, wie viele Christen tiefe Konflikte in ihrer Ehe oder Familie still ertragen, ohne viel zu klagen. Doch muss man fragen, wie viel von diesem erduldeten Leid wirklich vom Herrn ist oder wie viel davon die Ehepartner und Eltern selbst verursachen. Will Gott solches stilles Leid? Ehe und Familie sind von Gott geschaffene Institutionen, die allen Menschen offen stehen. Biblisch gesehen gibt es keine „christliche Familie", vielmehr gibt es Christen, die sich als Mann und Frau, als Eltern und Kinder in einer Familie begegnen können.

Ein Beispiel:
Das Predigerehepaar X. feiert Silberne Hochzeit. In der Tischrede versichert der Hausvater: „Seit 25 Jahren verheiratet, seit 25 Jahren kein Streit und kein böses Wort zwischen uns. Ein Geschenk von Gott!" Just in diesem Augenblick senkt sich der Kopf der Ehefrau. Die 22-jährige Tochter, verantwortliche Mitarbeiterin im Jugendkreis, lässt später durchblicken: „Ja, laut haben sie nie gestritten und die Türen sind auch nicht geflogen. Doch wenn es Konflikte gibt, dann ist die Stimmung auf Null. Vater ist gereizt, Mutter weint heimlich. Die Lesungen und Gebete am Tisch bleiben allgemein. Mutter überhört die Bitte des Vaters um die Marmelade. Vater verlässt

die Mahlzeit eher, weil er scheinbar Wichtiges im Büro zu erledigen hat. So ein Zustand kann Tage dauern. Ich wünschte mir, sie würden offen miteinander reden und lieber einmal streiten, als sich gegenseitig fertig zu machen."

Manche Kinder könnten Bände über die subtilen Konflikte ihrer Eltern schreiben, darüber, wie hinterrücks ein Partner den anderen ärgert oder auflaufen lässt. Ehepartner sollten jedoch wissen, dass verdeckte Konflikte gute und heilsame Entwicklungen zwischen den Ehepartnern und in der Familie behindern. Man sollte wissen, dass mangelnde Konfliktfähigkeit im Namen eines falsch verstandenen Friedenswillens auch konstruktive Gemeindearbeit mehr blockieren als fördern kann. Die Art und Weise, wie Christen Konflikte in Ehe und Familie lösen, entspricht oft dem Umgang untereinander in der Gemeinde. Statt offen wird verdeckt kommuniziert, Konflikte im Ältestenkreis lieber unter den Teppich gekehrt statt ehrlich angesprochen und ausgestanden. Welcher Bruder hat noch den Mut, dem anderen ein offenes Feedback zu geben, ohne Angst haben zu müssen, dass dieser beleidigt ist, seine Mitarbeit grundsätzlich in Frage stellt und mit dem Austritt aus der Gemeinde droht? Wenn Mitarbeiter nicht in der Lage sind, in ihrer Ehe und Familie konstruktiv zu streiten, Konflikte offen anzusprechen und gerade dadurch zu zeigen, wie Friede in einer gefallenen Welt durch Jesus Christus möglich ist, müssen sie sich nicht wundern, wenn sich dies auch auf den Umgang in der Gemeinde auswirkt.

Die Bibel berichtet offen von Konflikten und Streit

Paulus sieht diesen Zusammenhang in aller Schärfe: „Zürnt ihr, so sündigt nicht; lasst die Sonne nicht über eurem Zorn untergehen, und gebt nicht Raum dem Teufel" (Eph 4,26f.). Interessant dabei ist, dass er das Zürnen als solches, d. h. Gefühle von Wut und Ärger, nicht gleich mit Sünde identifiziert, sondern hier nur davon spricht, dass Zürnen zur Sünde werden kann. Wie dies geschieht, wird im nächsten Satzteil klar: „Lasst die Sonne nicht über eurem Zorn untergehen." Dieses weise Wort macht deutlich, dass die Sünde beim Zorn dadurch entsteht, dass die Konfliktparteien ihren Streit nicht alsbald klären, sondern auf die lange Bank schieben oder die Sache unter den Teppich kehren. Wählt man diesen Weg, ist der Konflikt nicht weg, sondern wird immer wieder erinnert. Alter Schmerz und Wutgefühle dem anderen gegenüber werden gepflegt und legitimiert. Rachegedanken und Vergeltung bestimmen die Phantasie. Paulus kennt diesen Vorgang und urteilt vernichtend: „Und gebt nicht Raum dem Teufel." Wenn Christen in der Gemeinde, in Ehe und Familie schwelenden Streit, Konflikte und Ärger nicht aussprechen und bereinigen, nicht alsbald, „vor Untergang der Sonne" klären, ergibt sich daraus ein Einfallstor für den Feind Gottes. Doch solches Verhalten entspricht dem alten und nicht dem neuen Menschen (vgl. Eph 4,17ff.).

Als Christen sehnen wir uns nach Frieden und Klärung. Doch unsere Unfähigkeit zur Konfliktlösung und zur offenen Auseinandersetzung verhindert dies. Darin erkennen wir, dass wir unter der *Macht der Sünde* leben und der Feind Gottes unsere mangelnde Konfliktbereitschaft ausnützt, um segensreiche Klärungen und Entwicklungen zu blockieren. Das Ziel eines spannungslosen vollständigen Friedens ist für die Zeit in dieser Welt Utopie. Nach Ps 85,9-14 gibt es Frieden, Schalom, eben nur dort, wo Güte und Treue einander begegnen, wo sich Gerechtigkeit und Friede küssen. Dies wird dann möglich sein, wenn der Feind Gottes keinen Einfluss mehr geltend machen kann. Solange sind wir gehalten, Konflikte offen und ehrlich anzusprechen und zu klären.

Unter der Autorität Jesu Christi haben es Konfliktparteien leichter, Klärungen und Frieden zu finden

Eine grundlegend neue Situation ergibt sich für streitende Christen durch das, was Jesus Christus am Kreuz und in seiner Auferstehung gewirkt hat. Gott hat mit uns Menschen Frieden geschlossen (Röm 5,1). Seither gibt es die erste realistische Perspektive, auch unter Schwestern und Brüdern dauerhaft Frieden zu finden. In Jesus können Christen an dem vollkommenen Frieden partizipieren. Zur Aufgabe der Heiligung gehört es, diesen göttlichen Frieden in die Lebensrealität mit einzubeziehen. Christen haben die Aufgabe, den neuen Menschen, zu dem sie Jesus gemacht hat, anzuziehen und zu leben. Es ist ihre Aufgabe, das zu leben, was sie schon sind: versöhnte und angenommene Kinder Gottes. Dieser Friede ist höher als alle Vernunft. Warum? Weil er aus der Beziehung zu Jesus Christus lebt.

Wenn es überhaupt Menschen möglich ist, eigene Lebensziele zugunsten des anderen zu überwinden, eigene Strebungen zu frustrieren oder sie so zu modifizieren, dass die neue Wirklichkeit durch Jesus Christus in der Nachfolge sichtbar wird, dann nur, wenn sich Christen in ihren Gedanken und in ihrem Wollen (vgl. Röm 12,2) stets auf diese neue Realität des Friedens mit Gott besinnen. Nur mit dieser Perspektive auf die unsichtbare Welt Gottes und dem Status der Wiedergeborenen werden die überraschenden Gedanken des Apostel Paulus verständlich, wenn er z. B. dazu ermahnt: Christen sollen ihre Rechtshändel mit der Perspektive auf den Frieden mit Gott lösen und nicht vor das weltliche Gericht ziehen. „Es ist schon schlimm genug, dass ihr miteinander rechtet, warum lasst ihr euch nicht lieber unrecht tun, warum lasst ihr euch nicht lieber übervorteilen?" (1. Kor 6,7). Wer das umsetzen will, was Paulus empfiehlt, braucht (a) eine lebendige und von Liebe geprägte Beziehung zu Jesus Christus und (b) eine Perspektive über die momentanen Bedürfnisse hinaus.

Aber auch bei diesem Thema gilt: Die Spannung vom „schon jetzt" ganz Kind Gottes zu sein und doch „noch nicht" vollkommen zu sein, lässt sich angesichts der Realität der Sünde nicht auflösen. Wer es dennoch versucht, verfällt entweder in einen großen Pessimismus („Das Reich Gottes kommt sowieso nicht" oder „Auch der Glaube hat keine Kraft und schafft keinen Frieden"). Oder es entsteht ein problematischer Enthusiasmus („Wir sind schon ganz vollkommen und der Sündenmacht enthoben"). Christen können es in Ehe und Familie unter der Autorität Jesu zwar leichter haben, Frieden zu schließen und zu halten, aber es ist oftmals noch schwer genug und erfordert viel Geduld und Korrekturbereitschaft.

Streit ist nicht gleich Streit

So zumindest differenziert das Neue Testament, auch wenn dies in den deutschen Übersetzungen nicht immer zum Tragen kommt. Es gibt zwei Extrempunkte, zwischen denen viele Übergänge liegen: *Streitsucht* auf der einen Seite und *harmonisches und konfliktfreies Miteinander* in Familie und Gemeinde auf der anderen Seite.

Bei Jesus wie auch bei Paulus wird z. B. deutlich, dass allein das Bekenntnis zu Jesus Christus ein hohes Maß an Konfliktfähigkeit mit einschließen kann. So bringt Jesus in Situationen des status confessionis „das Schwert" zwischen Vater und Sohn, Mutter und Tochter. In diesem Rahmen kann er auch dazu aufrufen, heilige Familienpflichten zu verletzen (z. B. nicht am Begräbnisritual teilzunehmen, vgl. Mt 8,21f.). Das Evangelium ist ein skandalon, ein Skandal. So sieht es auch der Apostel Paulus beispielsweise in 1. Kor 1,23. Dort spricht er vom Ärgernis des Evangeliums in der Meinung der Juden. Und Gal 5,11 setzt voraus, dass die Verkündigung des Evangeliums zu Trennungen und Konflikten führen kann.

Dass das Kreuz Jesu Ärger und Feindschaft stiften kann, ist eine Realität, mit der wir auch in der Gemeindearbeit und womöglich bis in unsere Familie und Verwandtschaft hinein rechnen müssen.

Einen anderen Begriff für Ärger oder Streit stellt das Wort zäteo (zätesis) dar. Doch auch hier handelt es sich eher um die sachliche Auseinandersetzung z. B. in strittigen Fragen des Glaubens. Diese Auseinandersetzung wird nicht verboten, sondern ist um der Klärung willen sogar notwendig. Solche

Klärungsprozesse im Sinne eines brüderlichen, streitbaren Ringens um die richtige Sicht der Dinge setzt grundsätzlich ein hohes Maß an Konfliktfähigkeit voraus. So heißt es z. B. in Apg 15,2, dass die Brüder Zwietracht gehabt hätten. Doch besser gibt man diese Situation mit Aufregung und Auseinandersetzung wieder. Schließlich suchen sie Klärung ihrer theologischen Differenzen. Oder auch Apg 25,19: Dort bekennt der Statthalter Festus, dass er von dem Streit, d. h. von der Auseinandersetzung zwischen Juden und Christen oder zwischen den unterschiedlichen jüdischen Schulen nichts verstehe. Und an anderer Stelle schreibt Paulus in erfrischender Weise von dieser Konfliktfähigkeit (Gal 5,15): „Wenn ihr euch aber untereinander beißt und fresst, so seht zu, dass ihr nicht einer vom andern aufgefressen werdet."

Es gibt ganz offensichtlich Situationen, in denen die Auseinandersetzung im Sinne von Konfliktfähigkeit notwendig ist, um Erkenntnis im Sinne der biblischen Wahrheit zu gewinnen. Paulus lässt solche Diskussionen ausdrücklich zu. Er selbst praktizierte diesen Weg der Auseinandersetzung, weil er darum wusste, dass die eigene Sicht stets der kritischen Überprüfung durch die Brüder bedarf. Streit im Sinne solcher Auseinandersetzung kann deshalb im Ringen um den richtigen Weg unabdingbar sein.

Davon zu unterscheiden sind andere Begriffe im Neuen Testament, die ebenso von Streitereien, jedoch vielmehr von Zwietracht und zerstörendem Streit sprechen: z. B. die Streitsucht (eriteia oder eris) in 1. Kor 1,11. Paulus versucht zu klären und zu schlichten (vgl. 1. Kor 6,1ff.).

In 1. Kor 11,16 beschreibt Paulus noch ein streitsüchtiges Verhalten. Wörtlich heißt es dort: „Ist aber jemand unter euch, der es *liebt zu siegen* (der das letzte Wort sucht, rechthaberisch agiert, Vf.), der soll wissen, dass wir diese Sitte nicht haben, die Gemeinden Gottes auch nicht."

Fazit: Neutestamentlich gesehen ist Streit nicht gleich Streit. Keinesfalls darf mit der Forderung nach Friedfertigkeit eine notwendige Auseinandersetzung in Ehe, Familie oder Gemeinde zugedeckt werden. Im Gegenteil: Die sachliche Auseinandersetzung gehört ganz offensichtlich zum Menschsein dazu. Dabei haben die Beteiligten die Verantwortung, aus dem Streit kein Zerwürfnis entstehen zu lassen. Das Bestehen auf absoluter Friedfertigkeit in einer Gemeinde kann Streit nicht verhindern; er wird dann nur unterschwellig und sehr subtil geführt. Die Macht der Sünde gebietet es deshalb, frühzeitig Konflikte und Spannungen offen anzusprechen, sich miteinander darüber auseinanderzusetzen, ehe der Konflikt so entgleist, dass die Beziehungsebene zerstört ist.

Relativer Friede in Ehe und Familie ist möglich

Biblisch-therapeutische Seelsorge zeigt, dass ein relativer Friede auch in Ehen und Familien möglich ist. Doch bedarf es dabei Hilfe von außen. Oft sind die Enttäuschungen und Rückschläge zu zahlreich, als dass man noch Mut für einen weiteren Klärungsversuch finden würde. Und dann schwelen die Konflikte vor sich hin, rauben die Lebensfreude in der Familie, in der Nachfolge und blockieren am Ende den Bau des Reiches Gottes.

Relativer Friede ist möglich. Allerdings setzt dies ein ausreichendes Maß an Konfliktfähigkeit voraus. Solcher Friede lebt vom offenen, ehrlichen Gespräch der Beteiligten. Wenn nun aber Ehepartner, Eltern und Kinder es verlernt haben, mit Anstand zu streiten, welche Hilfen gibt es dann, um diesen relativen Frieden wieder herzustellen?

Hier nun einige wenige praktische Hinweise:

Der Konfliktpartner handelt oft nicht aus Bosheit so befremdlich, sondern weil er eben anders ist ...

Viele Ehepartner und Familienangehörige müssen in einer seelsorgerlichen Beratung zunächst einmal begreifen, dass die meisten ihrer Konflikte mit den unterschiedlichen Persönlichkeitsstrukturen zu tun haben.

Ein Beispiel: Frau Y. ist im Vergleich zu ihrem Mann eher jemand, der warmherzig auf Menschen zugeht, Nähe zu ihnen sucht, gerne dient, Kontakte freudig pflegt. Ihr Ehemann jedoch ist eher kühl, sachlich distanziert, sowohl zu Hause wie auch in der Gemeinde. Er meidet andere und geht deshalb auch nur zum Gottesdienst in die Gemeinde. Über Gott und die Welt macht er sich seine eigenen Gedanken. Diese unterschiedlichen Persönlichkeitsstrukturen können zu erheblichen Spannungen beim Ehepaar Y. führen.

Ein weiteres Beispiel: Ehemann O. wagt gern Neues und liebt das Risiko. Unkonventionell geht er auch mit Fragen der persönlichen Lebensführung um. Nur ungern lässt er sich festlegen. Unpünktlichkeit nimmt er nicht so ernst, seine Frau dagegen ist sehr korrekt und beharrt zum Leidwesen des Mannes oft auf dem Bewährten und Gewohnten. Es ist ihr wichtig, Einfluss auszuüben und mitzubestimmen. Auch diese Konstellation kann zu großen Missverständnissen und Konflikten führen.

Was ist zu tun? In einem ersten Schritt müssen die Beteiligten zunächst lernen, ihre Unterschiedlichkeit zu akzeptieren. *Mein Partner verhält sich in dieser für mich unverständlichen Weise nicht aus Bosheit so, sondern weil dies seiner Persönlichkeitsstruktur entspricht.* Machen sich Ehepaare und Eltern auf den Weg, diese Unterschiedlichkeit in ihrer Persönlichkeit zu entdecken, dann fällt es leichter, sich einander zuzusprechen:
– O.k., meine Frau ist so, wie sie ist, und so nimmt Gott sie an.
– O.k., mein Mann ist so, wie er ist, und so nimmt ihn Gott an.

Gleiches gilt auch für die Kinder:
– O.k., mein Kind ist so, wie es ist, und so liebt Gott es.

Je besser es die Beteiligten schaffen, sich selbst zu akzeptieren, fällt es ihnen leichter, auch den anderen in seiner Fehlbarkeit und Andersartigkeit anzunehmen. Ein wichtiger Schritt zum relativen Frieden in Ehe und Familie ist getan.

Wenn man *meint*, seinen Partner oder die Kinder zu verstehen ...

Befragt man Ehepaare und Eltern, ob sie sich vorstellen können, was ihr Partner eigentlich fühlt, denkt, was er meint und wie er die Sache sieht, gehen die meisten davon aus, dass sie es ziemlich genau wüssten. Doch die Erfahrung lehrt anderes. Faktisch nimmt man nur einen Bruchteil dessen wahr, was der Partner fühlt und denkt. Ebenso lässt sich eine große Unsicherheit darüber feststellen, wie der jeweilige Partner mit seinem Reden und Handeln auf den anderen wirkt. Dieses Kommunikations- und Wahrnehmungsdefizit erschwert Beziehungen in Ehen und Familien kolossal. Denn es gilt ein Grundgesetz im Gespräch zwischen Partnern: Der Beziehungsaspekt kommt vor dem Sachaspekt. Der Ton macht die Musik.

Ein Beispiel im Sinne des transaktionsanalytischen Modells (vgl. den Beitrag „Streiten wie die Kinder"): Wenn da ein Ehepartner den anderen um einen Gefallen bittet, kann er dies in unterschiedlicher Haltung tun. Sagt der Mann zu seiner Frau: „Könntest du mir bitte die Briefe zur Post bringen, ich schaffe es heute nicht mehr", ist der Ton, mit dem er formuliert, wichtig: Fällt dieser Satz aus der Haltung eines befehlenden und bestimmenden Vater-Ichs, dann kann dies bei der Ehefrau entsprechend nachwirken: Schmollend: „Jetzt behandelt er mich wieder wie sein Kind ..." Oder trotzig: „Das lasse ich mir nicht länger gefallen. Mach's selber!" Der Satz des Mannes könnte aber auch auf der Kind-Ich-Ebene formuliert werden, dann würde ein Ton der Hilflosigkeit mitschwingen. Auch dies würde zu entsprechenden Reaktionen führen. Mütterlich fürsorgend: „Ach, er schafft es wieder nicht allein. O.k., ich helfe ihm." Oder bestimmend und maßregelnd: „Wann lernst du endlich, deine Zeit richtig einzuteilen. Sieh zu, wie du es selber schaffst ..." Eine Alternative in Konfliktfällen ist stets die Formulierung mit dem Ton auf der Erwachsenen-Ich-Ebene. Dann klingt der Satz offen, und der Ton appelliert an den Partner als mündigen, selbstverantwortlichen Menschen, der aus Hilfsbereitschaft heraus den Wunsch erfüllt oder ohne schlechtes Gewissen Nein sagen kann, wenn anderes vordringlicher ist.

Gute Beziehungen und Familienbeziehungen brauchen Qualität und Zeit

Die bewusste Pflege der Beziehungen ist für einen relativen Frieden unabdingbar und gerade für Christen in ihrer Verantwortung füreinander ein wichtiges Muss. Ehepaare und Eltern sollten wissen, dass die Beziehungskultur zwischen ihnen ihr Miteinander nachhaltig prägt. Kranke Beziehungen können auch körperlich und psychisch krank machen. Eine glückende Beziehung kann jedoch als Mutterboden für Ehe und Familie angesehen werden.

In vielen seelsorgerlichen Situationen zeigt sich eine Art Bewusstlosigkeit der eigenen Beziehung. Eltern wollten glückende Beziehungen zu ihren Kindern haben, aber sie konnten nicht mehr miteinander reden. Die hohe Kommunikationsstörung, auch in christlichen Familien, ist eine Ursache für die Friedlosigkeit. In Amerika und in Japan wurde untersucht, wie viel Zeit Ehepaare täglich für ein wechselseitiges Gespräch aufwenden, das auch so belanglose Sätze beinhalten kann wie: „Gib mir bitte die Butter!" Was schätzen Sie?[3]

Selbst wenn die Gespräche bei Christen einige wenige Minuten länger dauern sollten, stellt die mangelnde Zeit für die Beziehung ein großes Problem für Ehen und Familien dar. Das Gespräch über Konflikte und Probleme und über die Andersartigkeit der Beteiligten ist für ein relativ friedvolles Zusammenleben in Ehe und Familie notwendig. Und nur wenn Zeit

---

[3] In einer Untersuchung zeigte sich, daß die durchschnittliche tägliche Interaktionszeit bei Ehepaaren in den USA *vier* Minuten beträgt und in Japan *zehn* Minuten. Ähnliche Zeiten lassen sich auch für deutsche Ehepaare schätzen.

vorhanden ist, können Ehepaare, Eltern und Kinder die Potentiale für ihre Beziehung entwickeln. Wieder lehrt die Erfahrung, dass sich dieses konstruktive Verhalten in Ehe und Familie auch positiv auf die Gesprächssituationen in Kreisen und Gemeinden auswirkt; denn auch dort lähmt der Mangel an Zeit für das offene Gespräch die Entwicklung von Kreisen und Gemeinden.

Wichtig ist, dass Eltern, Kinder und Ehepaare, die das gemeinsame Gespräch verlernt haben, dieses wieder entdecken, pflegen und einüben. Dies kann durch einen so genannten *kontrollierten Dialog* geschehen. Zu den Spielregeln gehört die Absprache, dass man jetzt ein Problem nicht lösen und in diesem Gespräch nicht gewinnen muss. Vielmehr geht es darum, herauszufinden, was der andere eigentlich meint, was er will, worauf er abzielt. Es soll nicht gewertet, nicht be- oder verurteilt werden, sondern das Ziel ist, einander besser zu verstehen.

Ein Beispiel:
Der Ehepartner A beginnt und berichtet einen Gedanken. Ehepartner B soll nun mit seinen eigenen Worten das wiedergeben, was Ehepartner A gesagt, gefühlt und gemeint hat, und nachfragen, ob diese Wiedergabe mit dem übereinstimmt, was Ehepartner A gesagt hat. Sagt Ehepartner A o.k., kann Ehepartner B seinen Gedanken formulieren. Jetzt ist Ehepartner A an der Reihe, das wiederzugeben, was Ehepartner B fühlt, denkt und meint mit dem, was er gesagt hat. Auch Ehepartner A fragt nun Ehepartner B, ob diese Wiedergabe o.k. ist. Und erst wenn Ehepartner B dem zustimmt, kann Ehepartner A den nächsten Gedanken entwickeln.

Ein solcher kontrollierter Dialog kann in der Seelsorge eingeübt werden. Familienmitglieder und Ehepaare, die sich dafür Zeit nehmen, schaffen sich gleichsam – im Bild gesprochen – „Naturschutzgebiete" für Ehe- und Familienbeziehungen, in denen ein relativer Friede möglich werden kann.

Auch ist es eine Frage, mit welcher *Haltung* Ehepaare und Familien einander begegnen. In der Regel spürt man, wenn ein anderer trotz äußerlicher Freundlichkeit im Grunde geringschätzig von einem denkt. „Ich grüße dich! Wie geht es dir?" Und ehe man auf diese Frage reagieren kann, wendet sich der Grüßende bereits wieder dem Nächsten zu. Dies fördert die Beziehung nicht. Im Gegenteil. Hier wird eine Haltung spürbar, die Beziehungen eher belastet. Eine gute und konstruktive Haltung gegenüber dem anderen ergibt sich jedoch oft nicht von allein. So wie Jesus Christus sich entschlossen hat, die Menschen zu lieben, sie uneingeschränkt wertzuschätzen und mit ihnen auf Augenhöhe zu gehen, indem er Mensch wurde, müssen auch Ehepaare, Eltern und Kinder sich entschließen, einander mit Einfühlsamkeit, Wertschätzung und Echtheit zu begegnen:

Einfühlsamkeit heißt: Ich will mich jetzt aufmachen, meinen Partner, mein Kind zu verstehen. Mein Ziel ist jetzt nicht, ihn zu verändern, ihn anders zu gestalten, sondern herauszufinden, was er meint, was er fühlt, worum es ihm geht. Ich will mich dazu entschließen und mich darum bemühen, weil er mein Partner bzw. mein Kind ist.

Wertschätzung heißt: Ich will meinen Partner oder mein Kind uneingeschränkt wertschätzen. Ich möchte mich dazu entschließen, den anderen so anzunehmen, wie er ist. Ich selbst weiß mich von Jesus angenommen und geliebt. Und so will ich vorbehaltlos und uneingeschränkt auch meinen Partner und mein Kind lieben und annehmen. Dazu entschließe ich mich.

Echtheit heißt: Ich möchte nicht länger meinem Partner oder meinen Kindern fromme Gefühle, Freundlichkeit oder Frieden vorspielen, sondern ich möchte lernen, echt und offen über meine Konflikte, meinen Ärger, meine Wut zu sprechen. Ich muss nicht alles sagen, was ich denke und fühle, aber alles, was ich sage, soll mit dem, was ich denke und fühle, übereinstimmen. Ich möchte nicht mehr länger die Dinge unter den Teppich kehren, sondern offen und ehrlich ansprechen, was mich bewegt und umtreibt.

Mit einer solchen Haltung gelingen Beziehungen besser. Selbst wenn man in der Sache verschiedener Meinung ist, ist es mit dieser Haltung möglich, konstruktiv zu streiten und sich auseinander zu setzen. Die Beteiligten wissen sich dann angenommen, verstanden, wertgeschätzt und vom Gesprächspartner akzeptiert. So wird relativer Friede eher möglich.

Weitere Hilfen und Tips zum Umgang mit Konflikten
Ein großes Problem stellt der *Umgang mit Kritik* dar. Die Art und Weise, wie Ehepaare und Familien mit Kritik umgehen, fördert nicht immer den Frieden, im Gegenteil. Man nimmt dem Partner die Kritik übel und sinnt gelegentlich sogar auf Rache. Woher kommt dies? Wir haben in der Regel eine ungünstige Kritikkultur. Üben wir Kritik am anderen, dann passiert es oft, dass wir dem Partner just an dem Punkt ein kritisches Feedback geben, an dem er im Grunde nichts ändern kann. Dagegen sollte kritisches Feedback so geschehen, dass die Kritik bereits eine alternative Handlungsweise aufzeigt und der Angesprochene einen Weg erkennen kann, wie er eine bestimmte Verhaltensweise ändern kann. Deshalb sollte jeder, der Kritik erfährt, von einem fundamentalen Grundsatz ausgehen: Diese Kritik spricht mir nicht meine Existenzberechtigung ab, sondern kann höchstens eine Seite meines Verhaltens betreffen. Ich werde prüfen, inwieweit ich dieses Verhalten ändern kann. In diesem Sinne bin ich dankbar für Kritik. Ehepaare, Eltern und Kinder sollten deshalb stets differenziert Kritik üben und nicht pauschal und allgemein am anderen herummeckern. Nicht: „Wenn mein Mann wirklich Christ wäre, würde er sich nicht so verhalten", sondern: „Es ärgert mich, wenn du die nassen Handtücher einfach auf den Boden wirfst und nicht über die Heizung hängst!"

Zur Seelsorge an Ehepaaren und Familienmitgliedern gehört

auch das *Rollenspiel*, in dem z. B. die Ehefrau die Rolle des idealen Mannes spielt und der Ehemann die Rolle der idealen Frau übernimmt. In einer solchen Interaktion können gegenseitige Erwartungen und Hoffnungen deutlicher erkannt und darüber gesprochen werden.

Wahrnehmungsübungen: Wie bewusst nehmen Sie das positive Verhalten Ihres Partners oder Ihres Kindes wahr? Prüfen Sie sich selber. Nennen Sie drei konkrete Dinge innerhalb der letzten zwei oder drei Tage, bei denen Sie zu Ihrem Partner sagen können: Ich schätze dich wert, weil du ... (z. B. mir das schwierige Telefonat mit Frau M. abgenommen hast). Suchen Sie selbst Beispiele!

Positives nennen: Sie können miteinander vereinbaren, z. B. im Rahmen eines kontrollierten Dialoges oder auch im täglichen Miteinander, nur dann dem Partner eine kritische Sache mitzuteilen, wenn Sie zuvor zwei positive Aspekte nennen können. Beispiel: „Mich hat gefreut, (a) dass du dich gestern Abend im Hauskreis zu mir gestellt hast und dass du (b) mir heute die beiden Brote eingekauft hast. Heute Abend allerdings ärgert mich an dir, dass du nur Zeitung liest und an mir so wenig Interesse zeigst ..."

Thema: Kontakt mit Gott

Sei, was du bist – ein Kind Gottes!

„Nun bin ich schon, seit ich denken kann, in der Gemeinde und versuche, als Christ zu leben. Doch es gelingt mir nicht ...." sagt resignierend Frau B., 45 Jahre alt. „Vor etwa einem Jahr habe ich mich bei einer Evangelisation erneut für Christus entschieden. Ich hoffte, dass ich dieses Mal endlich einen Durchbruch erleben würde. Doch heute zweifle ich genauso wie damals. Jeder Fehler, den ich mache, beweist mir mein Unvermögen. Wahrscheinlich bin ich immer noch keine wirkliche Christin. Jesus selber sagt doch: ‚Ihr sollt vollkommen sein, wie euer himmlischer Vater vollkommen ist'. Warum schaffen das andere besser als ich? Die strotzen vor Glaubenssicherheit, in den Himmel zu kommen. Ich wünsche ihnen nur, dass sie sich nicht täuschen. Oder wie sehen Sie das?"

Sie machen Glaubenserfahrungen, die Sie sehr enttäuschen. Jeder Fehler, der Ihnen passiert, beweist Ihnen, im Grunde keine richtige Christin zu sein. Ich kann mir gut vorstellen, wie Sie morgens bereits resigniert aufwachen und mit dem nächsten Versagen rechnen. Ein unerträglicher Zustand! Selbst wenn Sie im Gottesdienst oder im Hauskreis sind, nehmen Ihre Ohren diese unmenschlichen Anforderungen wahr: Christen machen keine Fehler usw.
Darf ich Sie einladen, Ihre Situation von der biblischen Perspektive aus zu betrachten?

1. Sie sind ein Kind Gottes

Was meinen Sie: Werden Sie in den Himmel kommen? Vielleicht erschrecken Sie jetzt. Einerseits wünschen Sie sich dies. Andererseits denken Sie vielleicht, wie man nur so reden kann. Wenn, dann wird sich dies doch erst am Ende zeigen. Wer kann dies heute schon wissen? Und dennoch – als Christin sind Sie schon ganz ein Kind Gottes! Sie sind schon ganz von Gott angenommen! Mit Jesus Christus sind Sie schon im Himmel! Dort gibt es Sie bereits – obwohl Sie noch ganz hier leben (Kol 3,3). Dort haben Sie jetzt schon alle Bürgerrechte, obwohl Sie hier noch im Einwohnermeldeamt geführt werden. Und wenn Sie sterben, dann kommt nichts anderes heraus als das, was Sie schon sind: ein Kind Gottes (1. Joh 3,2).

2. Sie haben eine Wohnung im Himmel

Schon seit dem Tag, an dem Sie Jesus das allererste Mal in Ihr Leben eingeladen haben, gilt dies für Sie! Sie sind Bürger in Gottes unsichtbarer Welt – und das mit fester Adresse in dem Haus, das Jesus auch für Sie dort bereits geschaffen hat (Joh 14,2). Die Bibel spricht ganz klar von einem „himmlischen" Jerusalem in der unsichtbaren Welt Gottes. Dort gibt es ein Heiligtum, in dem unser Vater im Himmel thront. Neben ihm sitzt Jesus Christus. Von dort kommt er wieder. An seinem Tag. Dann wird er für alle Menschen sichtbar sein. Diese unsichtbare Welt Gottes ist nicht oben oder unten, sondern umschließt alles, was wir mit unseren Sinnen wahrnehmen können. Dies alles kommt auch nicht erst dann, wenn Sie sterben, sondern steht jetzt schon für Sie fest. Dies gilt auch an den Tagen, an denen Sie gerade zweifeln, krank sind, sich depressiv und ganz elend fühlen. Dies steht sogar fest, wenn Sie gerade einen Fehler gemacht haben: Denn Fallen ist menschlich. Liegenbleiben teuflisch. Wieder aufstehen aber ist göttlich! Sie müssen sich nicht jedes Mal aufs Neue bekehren. Gehen Sie einfach von der Realität aus, die für Sie jetzt schon zutrifft: Sie sind ein Kind Gottes!

3. Denken Sie, was wahr ist

Wie oft sind Sie mit Ihren Gedanken bei der alten Leier. Da hilft nur eines: Weg von diesen zermürbenden Grübeleien, hin zu Jesus Christus, Ihrem Herrn. Vielleicht meinen Sie: „Leichter gesagt als getan." Da haben Sie Recht. Deshalb haben Sie ja auch ein hartes Stück Arbeit vor sich. Sie müssen sich immer wieder von neuem dazu entschließen: „Nein, ich will jetzt nicht im alten Trott weiterlaufen. Ich will denken, was ich schon bin: ein Kind Gottes. Ich bin das. Darüber kann ich mich freuen. Auch wenn ich jetzt wieder einen Fehler gemacht habe. Ich **darf** Fehler machen. Dennoch bleibe ich Kind Gottes, weil ich es schon längst geworden bin! Ich bin es, basta!" Lügen Sie sich nicht länger mit den alten Gedanken an. Stoppen Sie diese. Sagen Sie betend die Wahrheit, die durch Jesus Christus gilt: „Ich bin Kind Gottes und gehöre zu dir. Danke, Herr!"

Info

Was bedeuten Heil und Heiligung?

Man muss zwischen Heil und Heiligung unterscheiden. **Heil** findet der Mensch allein durch Jesus Christus. Gott kommt auf die Menschen zu, um ihnen den Weg zu sich zu ebnen (2. Kor 5, 18). Keine menschliche Leistung öffnet den Weg zu Gott. Menschen können den göttlichen Heilsweg nur glaubend annehmen. Von Gott werden sie in den Stand von Kindern Gottes versetzt. **Heiligung** gründet auf diesem Heil und gehört zum Christsein. **Heiligung bedeutet nicht: Ich muss mich anstrengen, ein „vollkommenes Kind Gottes" zu werden. Sondern: Ich gehe von dem Wissen aus, dass ich schon Gottes Kind bin, und ich versuche jetzt, das im Alltag zu leben.** Selbst dann, wenn ich versage, stellt dies nicht den Stand meiner Gotteskindschaft in Frage. Diese Gotteskindschaft ist eine geistliche Realität, die Gott geschaffen hat, die vor ihm gilt, unabhängig von meiner „Tagesleistung" oder „Tagesstimmung". Viele Stellen der Bibel rufen dazu auf, von dieser Realität her zu denken (z. B. 2. Kor 10,5). Dies wird die Gefühle, das Glaubenserleben und das Verhalten nachhaltig beeinflussen.

Wann liegt ein gesetzlicher Glaube vor?
Wenn ein Mensch seine Beziehung zu Gott im eigenen gottgefälligen Denken, Fühlen und Handeln zu gründen und sicher zu machen versucht. Der heilige Gott ist grundsätzlich unberechenbar und zu fürchten.
„Ich hoffe darauf, dass mich Gott am Ende annimmt."
Folgen:
Ein Mensch will sein eigenes Denken, Fühlen und Handeln im täglichen Leben und in seinem religiösen Verhalten so heilig und rein gestalten, dass er den Forderungen Gottes zu genügen hofft. Kommt es zu Schuld und Versagen, wird der Druck größer: „Das ist ein Beweis dafür, dass ich noch nicht ganz in Gott bin."
Heiligung bedeutet im Rahmen des gesetzlichen Glaubens:
„Ich muss heute schon das ganz leben, was ich am Ende vielleicht sein werde, ein Kind Gottes."

Wann liegt ein evangeliumsgemäßer Glaube vor?
Wenn ein Mensch seine Beziehung zu Gott in Gottes versöhnendem Tun durch Jesus Christus gegründet sieht und in diesem göttlichen Wort der Vergebung Gewissheit findet.
„Fürchte dich nicht!"
„Ich berge mich glaubend in das, was Gott für mich getan hat."
Folgen:
Ein Mensch beginnt aus Dankbarkeit und Liebe zu Gott in seinem eigenen Denken, Fühlen und Handeln standesgemäß als Kind Gottes zu leben. Kommt es zu Schuld und Versagen, gilt das Motto: Obwohl ich Fehler mache, bleibe ich ein Kind Gottes.

Heiligung bedeutet im Rahmen des evangeliumsgemäßen Glaubens:
Ich versuche heute schon, das ganz zu leben, was ich durch Jesus Christus jetzt bereits vollgültig bin, ein Kind Gottes.

Wann liegt ein gesetzloser Glaube vor?

Wenn ein Mensch eine Beziehung zu Gott unabhängig von den biblischen Normen und Werten und unabhängig von seiner Lebenspraxis als ideal und vollkommen ansieht. Glauben und Leben gehören zwar verbal, aber nicht unbedingt auf der Handlungsebene zusammen. „Gott ist (allumfassende) Liebe." „Mir kann vor Gott nichts geschehen – und wenn ich ein noch so großer Sünder bin."

Folgen:
Ein Mensch beruft sich prinzipiell auf Gottes Liebe und ist der Meinung, dass auch die größte Schuld diese Liebe nicht schmälern könne. Zwei biblische Beispiele: die Adressaten des Jakobusbriefes (Jak 2) und korinthische Gemeindeglieder (1. Kor 10,12: „Wer meint, er stehe, der mag zusehen, dass er nicht falle").

Heiligung hat bei diesem Glaubensverständnis insofern keine Bedeutung mehr, als die Überzeugung vorherrscht: „Ich bin schon in Ordnung! Christus wird mich auf jeden Fall mit offenen Armen empfangen."

Gott im Nacken

Herr F., 41 Jahre alt, schildert, wie er Gott erlebt: „Heute las ich wieder in der Bibel. Schrecklich. Ich soll am Gesetz des Herrn ‚Lust' haben und darüber nachsinnen. Wenn ich das mache, werde ich vollends verrückt. Schon als kleiner Junge hatte ich riesige Angst vor Gott. Wenn ich mich mit einem Klassenkameraden prügelte, bekam ich ein schlechtes Gewissen: Ich war nicht brav. Doch wer Gott liebt, muss geduldig sein. Ich war das nicht. Ich kann Gott nicht lieben. Ich glaube auch nicht, dass er mich liebt.

Bis auf den heutigen Tag lebe ich in der Angst, dass mich Gott im Nacken packt und dann zudrückt. An Gott glaube ich nur deshalb, weil ich muss. Am liebsten wäre ich Gott schon längst losgeworden. Aber wer weiß, was mir dann blüht. Wenn ich vom Gesetz Gottes abgewichen bin, muss ich am andern Tag mit einer entsprechenden Strafaktion Gottes rechnen. Ich habe keine ‚Lust' am Herrn. Und doch muss ich Gott lieben. Oder etwa nicht?"

Als Kind haben Sie ein Glauben und Fühlen über Gott erlernt, mit dem Sie heute noch zu kämpfen haben. Einerseits wollen Sie den Glauben an ihn lassen. Andererseits befürchten Sie, dass er Sie dafür bestrafen wird. Die Gebote Gottes wie auch die Liebe zu Gott erleben Sie als Pflicht und als ein „Muss", das Sie zwingt.

1. Haben Sie Geduld mit sich!

Was sich da über 30 Jahre tief in Ihr Denken, Fühlen und Handeln eingeprägt hat, lässt sich nicht durch einen Brief und auch nicht von heute auf morgen verändern. Sie brauchen Gespräche, Zeit und vor allem einen Seelsorger, der es versteht, Sie aus dieser großen Enge in die Freiheit des Glaubens an Jesus Christus zu führen. Ich weiß, allein dieses Ziel und dieser Begriff „Freiheit des Glaubens" machen Ihnen bereits wieder Druck und Angst. Deshalb will ich Ihnen erklären, was ich damit meine.

2. Gott beschenkt Sie

Gleich welcher christliche Begriff auftaucht (Liebe, Gnade, Gesetz, Treue usw.), Sie erleben ihn als Forderung. Sie *müssen* brav, treu, gehorsam sein, und das alles auch noch mit Freude. Doch Sie fühlen eher Wut, Enttäuschung, Angst, weil Sie diesen Forderungen nicht genügen können. „Freiheit des Glaubens" heißt nun, dass Sie im Glauben neue Erfahrungen machen. Nicht nur, dass Sie anders über Gott denken lernen. Theoretisch wissen Sie wahrscheinlich, was das Evangelium für Sie bedeutet. Doch es dringt zu Ihnen nicht durch. Sie stecken in gesetzlichen Ängsten. Jetzt geht es darum, auch zu neuen Gefühlen zu finden. Beispiel: Treten Sie ans offene Fenster. Atmen Sie tief die frische Luft ein. Sagen Sie sich bei jedem Atemzug: Diese Luft schenkt mir Gott. Danke, Herr. Erleben Sie Gottes Schöpfung als eine Vor-Gabe durch Gott an Sie. Jeder Atemzug, jeder Herzschlag: Dies alles schenkt Ihnen Gott. Ob Sie es glauben oder nicht. So treu handelt Gott an allen Menschen! Auf einem solchen Weg können Sie lernen, dass Gott Sie annimmt und liebt, so, wie Sie sind, mit Schwachstellen und Versagen. Sie werden die Freiheit des Glaubens erleben!

3. Sagen Sie nicht gleich: „Das ist nicht möglich."

Gewiss bedeutet dieser Weg des Glaubens Veränderung und Ihre innere Bereitschaft, neu über Gott und sich selbst nachzudenken. Aber Sie können neue Erfahrungen machen. Jeder Mensch ist lernfähig. Das hat Gott auch in Ihr Leben hineingelegt. Sie werden Jesus Christus auf ganz neue Weise entdecken.

4. „Müssen" Sie Gott lieben?

Zunächst ist es umgekehrt: Gott liebt Sie. Gott hat sich entschlossen, Sie zu lieben. Er hat Sie durch Jesus Christus gerecht gemacht, mit Ihnen Frieden geschlossen. Gott hat zu Ihnen „Ja" gesagt. Das ist die Grundlage für Ihre Beziehung zu Gott, nicht Ihre Liebe, Ihr „Christlich-Sein", Ihr Tun und Arbeiten. Je mehr Ihnen dies in Seelsorgegesprächen klar wird, werden Sie Gott lieben können. Nicht weil Sie es müssen, sondern ganz von selbst, aus Dankbarkeit für diese Zusagen und Geschenke von Gott in der Schöpfung und in der Bibel. Sie werden zunehmend entdecken, dass Gottes Gebote keine einengenden Regeln sind, sondern Lebenshilfen.

Info

Viele Christen erleben die alttestamentlichen Gebote als Regeln, von deren Einhaltung ihre Beziehung zu Gott abhängen würde. Dies entspricht dem so genannten *„formalistischen Verständnis"* des Gesetzes, das insbesondere die Gruppe der Pharisäer vertreten hat. So entsteht ein unheilvolles Missverständnis: Wenn von der Freude am Gesetz die Rede ist, muss sich ein so glaubender Mensch deshalb daran freuen, weil ihm das Gesetz zeigt, was er tun muss, um „in den Himmel" zu kommen. Gegen diese Auffassung wenden sich Jesus und Paulus nachhaltig (vgl. z. B. Mt 23,1ff.; Gal. 5,1ff.). Die ursprüngliche Bedeutung war anders. Man bezeichnet sie als das so genannte *„intentionale Verständnis"* des Gesetzes. Aus der Sicht des Volkes Gottes gesprochen: Wie kommen wir dazu, dass uns der lebendige Gott seine Gebote anvertraut, die zum Leben helfen, die uns Grenzen und Wege zeigen, um z. B. das Leben miteinander optimal gestalten zu können? Dieses Wissen erfüllte die Gläubigen mit Freude. Und in diesem Sinne können sich auch Christen über die geschenkten Ordnungen Gottes freuen.

„Sünde wider den Heiligen Geist"
Vergebung unmöglich?

„Einerseits weiß ich genau, dass ich seit meinem 20. Lebensjahr bewusster Christ bin", berichtet Herr M., 33 Jahre alt, ledig. „Bei einer evangelistischen Woche in meiner Gemeinde war ich sehr angesprochen und tat diesen Schritt zu Christus. Doch etwa seit acht Jahren habe ich immer wieder große Zweifel an meinem Christsein. Ich mache Fehler, fühle mich sehr schuldig und dann kommt immer wieder der Gedanke: ,Du hast die Sünde wider den Heiligen Geist begangen', die dir nie mehr vergeben wird. Wenn ich ganz im Glauben stehen würde, würden mir diese Dinge nicht mehr passieren. Aber das Gegenteil ist der Fall. Je mehr ich mich anstrenge, desto schlimmer wird es. Inzwischen bin ich mir nicht mehr sicher, ob ich überhaupt Christ bin, ob es für mich noch Hoffnung gibt. Wie sehen Sie denn mein Problem? Ein Seelsorger empfahl mir, Christus zu vertrauen. Ich habe dies versucht, aber es gab keine Änderung."

Wenn ich Sie richtig verstehe, dann meinen Sie mit der „Sünde wider den Heiligen Geist" folgendes:
Sie machen immer wieder gleiche Fehler bzw. sündigen an einer bestimmten Stelle von neuem. Vielleicht sind es sexuelle Phantasien, Selbstbefriedigung oder plötzlich einschießende Lästergedanken, die Sie hier im Blick haben. Vielfach haben Sie gebetet, dass Ihnen Gott diese Last wegnimmt. Trotzdem erleben Sie dies immer wieder. Vielleicht haben Sie mit Gott sogar einen Vertrag geschlossen: Wenn du mir hilfst zu überwinden, dann will ich dies oder das tun. Aber weder ein solches „Gelübde" führte Sie zum Erfolg noch viel Bibellesen und der regelmäßige Besuch der Gemeindeveranstaltungen. Sie sehen sich als „untaugliches" Kind Gottes. Sie suchen nach

Erklärungen. Dabei entdecken Sie z. B. die Textstelle in Mt 12,31-32: „Darum sage ich euch: Alle Sünde und Lästerung wird den Menschen vergeben; aber die Lästerung gegen den Geist wird nicht vergeben. (...) wer etwas redet gegen den heiligen Geist, dem wird's nicht vergeben, weder in dieser noch in jener Welt." Sie beziehen diese Worte auf Ihre Situation. In der Konsequenz meinen Sie, dass Sie eben kein richtiger Christ sein können. Denn es muss scheinbar etwas da sein, was Ihnen Gott nicht vergeben kann. Zweifel machen sich breit.

Dies kostet viel Kraft und lähmt. Die Freude am Glauben geht weg und Sie kämpfen Tag für Tag an dieser Stelle. Ein notvoller Zustand. Aber es gibt Hoffnung für Sie:

1. Wer fragt, ob er die „Sünde wider den Heiligen Geist" begangen hat, hat sie mit Sicherheit nicht getan.

Wie Sie im „Infokasten" sehen können, hat die Rede Jesu ein ganz anderes Ziel. Es sind Menschen im Blick, die das Werben des Heiligen Geistes und den Ruf zum Glauben an Jesus mit Absicht und wider besseren Wissens mehrfach abgelehnt haben. Diese Menschen fragen nicht mehr, ob sie diese Sünde begangen haben. Sie leben so sehr gegen oder ohne den Glauben an Jesus Christus, dass sie längst aufgehört haben, nach Gott zu fragen. Der Heilige Geist hat sich von Ihnen zurückgezogen, was freilich kein Mensch von einem anderen behaupten darf und letztlich Gottes Urteil selbst vorbehalten bleibt.

Allein Ihr Brief und Ihre Frage zeigen mir aber etwas völlig anderes: Sicher machen Sie Fehler und sündigen an einigen Stellen immer wieder. Aber all dies dürfen Sie im Gebet und in der Beichte vor Gott bringen und gewiss sein, dass Ihnen Jesus Christus vergibt (vgl. 1. Joh 1,8+9). Durch Christus sind Sie Christ, auch wenn Sie immer wieder daran zweifeln.

2. Lernen Sie, zwischen echter Schuld und Schuldgefühlen zu unterscheiden

Sie sind gegenüber Fehlern sehr sensibel geworden. Vieles erleben Sie als Sünde, was in Wirklichkeit mehr Schuldgefühle sind. Sie sind unsicher geworden. Ihr Gewissen schlägt schnell aus. Vielleicht sagen Ihnen liebe Mitchristen manchmal: „Nimm es doch nicht gar so genau"; „Sieh's nicht so verbissen" usw. Dies ist sicher nicht immer gerade einfühlsam. Und doch kann darin ein Stück Wahrheit liegen. Es könnte gut sein, dass viele Ihrer Gedanken und Sorgen selbst gemacht und von der Bibel auch nicht verboten sind.

Ich mache Ihnen Mut, einen therapeutischen Seelsorger aufzusuchen, der die biblischen Gebote kennt und mit Ihnen übt, zwischen Schuld und Schuldgefühlen zu unterscheiden, echte Schuld geistlich zu klären und falsche Schuldgefühle abzubauen.

Info

Immer wieder fragen Christen nach der so genannten „Sünde wider den Heiligen Geist" (vgl. Mt 12,31-32; Mk 3,28-20; Lk 12,10). Niederlagen bei bestimmten Verhaltensweisen, Schuldgefühle oder zwanghaft einschießende Lästergedanken werden dann in den Zusammenhang mit diesen Texten gebracht. Der Kontext in Mt 12,31-32 macht dagegen etwas anderes deutlich: Jesus hat ganz offensichtlich den Unglauben bzw. die Ablehnung des mit ihm in die Welt gekommenen Reiches Gottes (vgl. Mt 12,28) durch die Pharisäer im Blick. Angesichts einer geschehenen Heilung unterstellen sie Jesus, letztlich mit dem Teufel oder dessen Geist im Bunde zu stehen. Sie merken nicht, dass sie durch diese Ablehnung Jesu und die Verweigerung einer glaubenden Beziehung zu ihm als dem Sohn Gottes das Wirken des Heiligen Geistes an ihnen leichtfertig verspielen und darin den Geist Gottes lästern.

Deshalb kann für jeden bewussten Christen, selbst wenn er aufgrund von Zwangsgedanken, erlebtem Versagen und großen Niederlagen an der Vergebung zweifelt, ausgeschlossen werden, diese „Sünde wider den Heiligen Geist" getan zu haben. Denn er ist ja durch das Wirken des Geistes Gottes Christ geworden!

Wenn der Zweifel nagt

Marianne M., 29 Jahre alt: „Vor fünf Jahren kam ich durch eine Kollegin zum Glauben an Jesus Christus. Inzwischen bin ich fest in einem Hauskreis beheimatet und arbeite im Gottesdienstteam unserer Gemeinde mit. Doch von Anfang an war ich nicht sicher, ob mich Gott wirklich angenommen hat. Zwar weiß ich vom Kopf her, dass dies wohl so ist. Und ich kann dies sogar anderen Leuten vermitteln. Aber dann abends bei mir daheim plagen mich die Gedanken: ‚Wie kannst du anderen das Evangelium predigen, wenn du selbst so zweifelst.‘ ‚Ich muss mich schämen; andere haben einen so starken Glauben und du selbst spielst nur Theater.‘ ‚Jesus will mich gebrauchen – aber kann er das, wenn ich ständig grüble, ob ich wirklich von ihm angenommen bin?‘ Manchmal geht das stundenlang. Ich komme dann nicht mehr zur Ruhe. Dabei bete ich, dass mir Gott endlich Frieden ins Herz gibt. Aber er scheint meine Gebete nicht zu erhören. Was mache ich falsch? Ich habe schon nach allen möglichen Sünden geforscht, mögliche okkulte Dinge mit meinem Seelsorger besprochen und geistlich geklärt. Trotzdem: Meine Unsicherheit blieb. Wie kann ich Gewissheit im Glauben finden?“

Nun sprechen Sie von „Unsicherheit“ einerseits und der „Gewissheit“ im Glauben andererseits. Diese wichtige Unterscheidung führt mich gleich zu einem ersten Punkt:

1. Gott sagt Ja zu Ihnen – dies ist die Gewissheit im Glauben

Alle Unsicherheit, die Sie erleben, alle Zweifel, alle Grübelgedanken und widersprüchlichen Gefühle gegenüber Gott können den Entschluss Gottes nicht mehr schwächen oder ungültig machen. Er liebt Sie, er sehnt sich nach Ihnen, er hat Sie angenommen, er führt Sie bereits im „Einwohnermeldeamt" des himmlischen Jerusalems in Gottes unsichtbarer Welt. Am Ende dominiert sein Ja zu Ihnen. Jesus will seine Leute bei sich haben. Alle menschlichen Zweifel und Sorgen können dies nicht verhindern. Beim einen sind sie stärker als beim anderen. Und wer sie erlebt, weiß, welche Not dies im Glauben bedeuten kann. Doch Gottes Entschluss ändert sich nicht.

2. Halten Sie sich stets die geistliche Realität vor Augen

Die Gewissheit des Glaubens, d. h. Gottes Ja zu Ihnen, im Herzen zu spüren, braucht bei Ihnen einen längeren Weg als bei anderen. Es kann sogar sein, dass Sie daran hart arbeiten müssen. Nicht an Gottes Ja. Dies steht ja durch seinen Entschluss fest. Aber daran, dass Sie selbst emotional eine immer größere Geborgenheit in Gott erleben. Wie kann dies gehen?

- Halten Sie sich betend immer wieder die geistliche Wirklichkeit vor Augen, die für Sie gilt. Sie erleben zwar menschliche Zweifel. Aber dies nimmt Ihnen nicht den Platz bei Jesus Christus, den er Ihnen in seiner Welt bereits reserviert hat. „O.k., meine menschliche Unsicherheit ist zwar da, aber Jesus trägt mich trotzdem in seiner Hand." „Hört auf, ihr Grübelgedanken! Ich hab für euch jetzt keine Zeit, vielleicht heute Abend um 9 Uhr." „Ob ich in den Himmel komme, hängt nicht von meinen Gedanken ab. Durch Jesus bin ich schon da, weil er es will!" Manchmal muss man sich diese und ähnliche Sätze 50-mal, 100-mal oder 200-mal täglich sagen. Aber die Stunde kommt, wo es leichter wird.

- Vielen ist es eine Hilfe, wenn sie Bilder mit einbeziehen. Stellen Sie sich ruhig die Wohnung im Haus des Vaters plastisch vor (vgl. Joh 14,1-3). Diese steht schon für Sie bereit. Nehmen Sie sich für eine Wanderung im himmlischen Land Zeit (vgl. Hebr 11,14-16). Schauen Sie sich um, und sehen Sie immer wieder auf Jesus, der mit Ihnen geht (vgl. Hebr 12,2-3). Oder gehen Sie in der Weihnachtszeit bewusst zur Krippe, wie sie in Ihrer Gemeinde vielleicht ausgestellt ist: „Ja, dort kam mein Herr zur Welt. Er hält mein Leben. Er ist mein Leben!"

Für Glaubenszweifel kann es viele Gründe geben. Sind aber mögliche geistliche Ursachen (konkrete Schuld, „Zaubereisünden" wie der Gang zum Wahrsager) abgeklärt, spricht vieles für ganz spezifische Ausprägungen in der Persönlichkeitsstruktur. Beispielsweise: hohe emotionale Störbarkeit. Diese Menschen lassen sich leicht beunruhigen und ärgern sich oft über alltägliche Schwierigkeiten. Enttäuschungen bewältigen sie weniger schnell und empfinden Störungen bei der Arbeit relativ stark. Durch kritische Situationen sind sie stärker beansprucht und neigen auch dazu aufzugeben.

Hohe Emotionalität: Diese Menschen sind psychisch leicht zu beeinflussen. Ihre Stimmung ist sehr beweglich, sowohl in positive als auch in negative Richtung. Das macht sie für manche Menschen sehr interessant. Sie fühlen sich manchmal abgespannt, matt und sind auch ängstlich, grübeln über das Leben nach und fühlen sich nicht selten missverstanden.

Durch eine gezielte therapeutische seelsorgerliche Arbeit an sich selbst können sich diese Ausprägungen in Richtung emotionale Widerstandsfähigkeit bzw. Stabilität entwickeln. Oftmals benötigt man hierzu Hilfe von außen.

Krisensituation: Beschenkt und getröstet

Was heißt Trösten? Viele meinen: einem Menschen einfühlsam zuhören. Nähe zeigen. Tränen aushalten. Umarmen. Begleiten. Das ist richtig und spiegelt die innerweltliche Seite des Trostes wider (vgl. die Freunde Hiobs, die sieben Tage und Nächte bei ihm auf der Erde saßen und nur schwiegen, Hiob 2,13). Allerdings hat biblisches Trösten auch ein geistliches Profil. Wer den Trost Gottes erlebt, dem tut sich der Himmel auf. Der erlebt ein helles, warmes, befreiendes Licht in seinem Herzen. Dieses Licht lenkt Gedanken und Gefühle zu Jesus Christus. Wer dies erlebt, spürt und weiß, dass es eine göttliche, himmlische Welt gibt, die größer, mächtiger und wirklicher ist als alles Sichtbare, Notvolle oder Krankhafte (vgl. Hebr 11,1-3).

1. Geschenk: Gott sucht Sie, Sie sind Gott nicht egal

Denken Sie an die Hirten auf dem Felde (Lk 2). Mitten in der Nachtwache und ohne Vorwarnung öffnet sich ihnen die Tür zur unsichtbaren Welt Gottes um einen kleinen Spalt. Es wird plötzlich Licht, wie sie es vorher noch nicht kannten. Mit einem Schlag sehen sie die Wirklichkeit des heiligen Gottes. Sie erschrecken. Sie fürchten sich. Warum? Weil sie nicht wissen, wie sie diese Begegnung mit dem Heiligen überleben werden. Doch dann sprechen die Boten Gottes jene drei Worte, die sich kein Mensch selbst sagen kann: „Fürchtet euch nicht!" Dieses Angst lösende Wort muss von außen kommen, von Gott, vom Heiligen selbst.

Auch Jesaja ging es nicht anders, als er plötzlich vor Gottes Thronrat stand: „Weh mir, ich vergehe!" Erst das sühnende Handeln Gottes durch den Serafim machte es Jesaja möglich, die Stimme des Heiligen zu hören und den Auftrag zu empfangen (vgl. Jes 6,1ff.).

Kennen Sie dieses Reden Gottes auch? Aus heiterem Himmel trifft Sie ein Unfall oder ein anderer „Schicksalsschlag" – Sie überleben, werden gerettet und wissen: Gott schenkt mir neues Leben. Der Heilige ist mir begegnet. Auch Sie erleben tiefen Schrecken und suchen nach dem erlösenden Wort: „Fürchte dich nicht." Auch wenn Gott manchmal leise Töne anschlägt, geht es in der Begegnung mit ihm stets um Leben oder Tod, um nicht mehr und nicht weniger. Jetzt geht es darum, dass Sie nicht ausweichen, sondern sich auf Jesus Christus einlassen. Beten Sie, danken Sie! Und wenn Sie Jesus Christus noch nicht kennen, dann reden Sie trotzdem so mit ihm, wie Sie es mit einem vertrauten Menschen machen würden. Auch wenn Sie Jesus Christus nicht mit Ihren Sinnen wahrnehmen können, wird sich dieser Herr und Gott zeigen und Ihnen mitten im Alltag und in der Not begegnen. Er ist nicht fernab, dort, wo man vielleicht nach dem Tode hinkommt. Er ist gegenwärtig. Er hat sein Ja zu Ihnen gesprochen. Willigen Sie in sein Ja zu Ihnen ein und sprechen Sie Ihr Ja zu Jesus Christus. Ihr Leben wird sich nachhaltig verändern.

In dem Augenblick, in dem Sie Ihr Leben an Jesus Christus ganz hingeben und nichts mehr zurückhalten wollen, entsteht in Ihnen ein neuer, geistlicher Mensch. Sie haben Teil an einer neuen Dimension.

2. Geschenk: Gott hat Sie zu einem neuen Menschen geschaffen

Vielleicht zweifeln Sie manchmal daran. Dennoch: Wissen Sie, was in Ihnen geistlich geschehen ist, als Sie Jesus Christus als Ihren Herrn entdeckt haben, als Sie sich an Ihn hingegeben haben?

Paulus vergleicht diesen Vorgang mit dem ersten Schöpfungstag. Damals sprach Gott, dass es Licht werde. Und in dem Augenblick, in dem dieses unsichtbare Licht ins Herz eines Menschen leuchtet, entsteht ein neuer Mensch, eine neue Geburt. In Ihnen als Christ gibt es also bereits die Realität eines neuen wieder geborenen Menschen. „Ist jemand in Christus, so ist er eine neue Kreatur; das Alte ist vergangen, siehe, Neues ist geworden" (2. Kor 5,17). Die Grafik versucht zu verdeutlichen, was für Sie jetzt schon gilt:

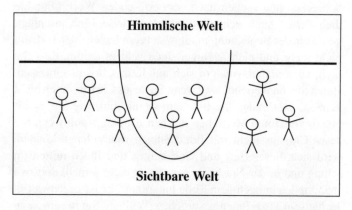

Obwohl Sie durch die Neugeburt schon zur unsichtbaren Welt Gottes gehören, leben Sie noch verwechselbar hier in dieser sichtbaren Wirklichkeit. So kommt es, dass Sie als Christ bodenständig Ihren täglichen Geschäften nachgehen müssen, dies aber mit der Perspektive der unsichtbaren Welt Gottes tun können. Christen sind deshalb Bürger zweier Welten: der äußeren, sichtbaren hier und schon jetzt der unsichtbaren, die die sichtbare umschließt und durchdringt.

Diese geistliche Realität eines neuen Menschen ist keine Hoffnung auf das Ende hin, auf das Leben nach dem Tod. Das „ewige Leben" hat bereits in dem Augenblick begonnen, in dem Sie ein Kind Gottes geworden sind.

3. Geschenk: Sie sind mit Jesus Christus zusammengewachsen

So beschreibt Paulus diese geistliche Realität in Ihrem Leben. Was mit Jesus Christus passiert ist, ist auch mit Ihnen geschehen: Sie sind mit Jesus Christus gekreuzigt, gestorben, begraben und auferstanden. Und wo sind Sie jetzt? „Denn ihr seid (mit Christus) gestorben, und euer Leben ist verborgen mit Christus bei Gott. Wenn aber Christus, euer Leben, sich offenbaren wird, dann werdet ihr auch offenbar werden mit ihm in Herrlichkeit" (Kol 3,3f.). Fazit: Als Christ sind Sie mit Jesus Christus bereits im Himmel, obwohl Sie noch ganz hier leben. Himmel und „ewiges Leben" kommen nicht erst, wenn Sie sterben, sondern dies ist jetzt schon ganz Wirklichkeit. Auf diese Realität dürfen Sie sich jederzeit beziehen und berufen!

4. Geschenk: Sie haben einen neuen Stand und sind „himmelstauglich"

Denken Sie über sich, was Sie wollen: dass Sie ein Versager und unmöglich sind, nichts taugen, ein Esel usw. Alles das stimmt nicht. Denken Sie standesgemäß, so wie Jesus Sie sieht: Sie sind ein Kind Gottes, von Jesus erwählt, ein Miterbe, ein Glied an seinem Leib, versöhnt und haben Frieden mit Gott, Sie sind ein „Heiliger" (wenn auch ein komischer), ein Bürger in Gottes unsichtbarer Welt, im Gebet haben Sie unmittelbares Audienzrecht vor dem himmlischen Thron. Mit dieser Perspektive können Sie gelassen Ihrem Chef oder etwas schwierigen Personen gegenübertreten.

5. Geschenk: Als Christ haben Sie den Rücken frei

Mit dieser geistlichen Perspektive ist es eine Lust, Christ zu sein. Sie stehen nicht mehr unter dem quälenden Druck, durch fromme Leistung vielleicht das zu erreichen, was Sie sich für Ihr Ende erhoffen: von Gott angenommen zu werden. Nein. Es ist umgekehrt: Weil Sie von Gott schon ganz und gar angenommen sind, weil Sie ein Kind Gottes sind, weil Gott mit Ihnen Frieden geschlossen hat, haben Sie den Rücken frei. Wozu? Dass Sie täglich versuchen, das zu leben, was Sie schon sind: ein Kind Gottes. Und wenn Sie wieder fallen? Dann spüren Sie wieder die Heiligkeit Gottes und die Distanz zu ihm. Aber noch mehr dringen die drei Worte durch: Fürchte dich nicht. In der täglichen Buße steht damit Ihr Leben auf sicherem Grund: Jesus Christus.

6. Geschenk: In Jesus Christus sind Sie geborgen

Glauben heißt, sich in Gott bergen. So können wir Mk 1,15 verstehen, wenn Jesus gemäß dem Urtext sagt, dass wir *in* das Evangelium glauben sollen. Denken Sie an Kinder. Sie bauen sich im Bett, unter dem Küchentisch, im Wald kleine Lager, Höhlen. Sie kuscheln sich in diese Orte hinein, fühlen sich geschützt und geborgen, überstehen so schlimme Träume, erleben dort Tränen und Freude. Oder wenn sie ihr tränenvolles Gesicht in den Armen der Mutter oder des Vaters auf die Schulter oder an den Hals drücken, als wollten sie sich gleichsam bergend in der Mutter oder dem Vater verstecken ... Genauso können Sie als Nachfolger Jesu Christi betend zu Gott kommen und bei ihm Schutz und Geborgenheit finden. Mit vielen Tausenden von Christen werden Sie diese Geborgenheit erleben, weil Sie eine Perspektive bis in die unsichtbare Welt Gottes hinein haben, selbst wenn der Boden Ihres Berufes oder der Beziehungen, in denen Sie stehen, wackelt.

7. Geschenk: Sie werden getröstet

Trösten heißt ein Mehrfaches:

Gott beseitigt die Not: Ungehorsam und Schuld brachten Israel das Unheil, welches sie ins Exil in Babylon führte. Gott hat aber diese Sündennot beseitigt. Gott hat diese Schuld gesühnt und führt sein Volk wieder in die Freiheit zurück.

Gott ist ein Gott allen Trostes: Durch Jesus Christus hat der Vater im Himmel alle Sündennot aus Ihrem Leben entfernt. Fürchte dich nicht. Sie dürfen Ihr Haupt erheben und aufsehen zu Jesus, selbst wenn das Ende beginnt.

Trösten bedeutet: Menschen das Heil zuzusprechen oder sie zu diesem Heil einzuladen. Was Ihnen persönlich gilt, das können, ja das sollen Sie anderen weitergeben. Auch wenn ein

Mensch noch vor dieser entscheidenden Begegnung mit Gott steht, dürfen Sie ihm diese tröstenden Perspektiven eröffnen und ihn zu Jesus Christus einladen. Was ist es für ein Fest im Himmel und hoffentlich auch auf Erden, wenn Sie Geburtshelfer werden bei einer geistlichen Neugeburt eines Menschen!

Beim Trösten werden Menschen auch in ihrer Beziehung zu Jesus Christus vergewissert. Gerade wenn psychische Not das Leben beschwert, dürfen wir Christen das zusprechen, was ihnen gilt und ihrem Stand vor Gott entspricht.

Schließlich geht es beim Trösten darum, Menschen zum Glauben zu ermutigen, ihnen immer wieder zu helfen, den Blick zu Jesus Christus, zu dieser unsichtbaren Wirklichkeit frei zu bekommen. Das bedeutet nicht zwingend die Wegnahme von aller psychischen Not oder körperlichem Leid. Doch damit gewinnen sie die weite Perspektive wieder, mit der Christen sogar über Mauern springen können.

Thema: Lebenshilfe

Panik!

„Wenn mich diese Angst befällt, habe ich mich nicht mehr
unter Kontrolle", berichtet ein 48-jähriger Mann. „Alles geht
ganz schnell. Von einer Minute zur anderen wird mir
schwindelig – sogar daheim im Wohnzimmer. Ich fange an
zu schwitzen. Mein Herz klopft. In meiner Brust breiten sich
Schmerzen aus. Ich habe Angst zu sterben. Manchmal wird es
mir zusätzlich übel. Dann brauche ich sofort frische Luft. Ich
glaube zu ersticken. Das Ganze dauert etwa 15 Minuten.
Inzwischen habe ich bereits Angst, wenn ich an diese Zustände
nur denke. Natürlich will ich Jesus mehr vertrauen. Aber
meine Glaubensgeschwister verstehen nicht, was da abläuft.
Ob mich Gott dadurch bestrafen will? Wie sehen Sie das?"

Immer wieder erleben Sie Angst, die über das normale Maß
hinausgeht. Ja, bereits der Gedanke daran bedrückt Sie und
engt Sie ein. Andere Menschen um Sie herum verstehen Sie
nicht, weil sie so etwas selbst nicht erleben oder sich nicht in
Ihre Lage einfühlen können. Es fällt Ihnen schwer, diese
Erfahrungen mit der Angst mit Ihrem Glauben zusammen-
zubringen. Doch:

1. Gott liebt Sie mit Ihrer Angst

Würde er Sie wegen einer Schuld direkt strafen, könnten Sie
keine Sekunde länger leben – Sie müssten sterben. Doch nicht
Sie, sondern der Sohn Gottes, Jesus Christus, erlitt diese Strafe
– *für Sie an Ihrer Stelle*! Sollte konkrete Schuld Ihre Angst-
zustände verursachen, dann suchen Sie die Vergebung bei
Gott. Es kann aber auch sein, dass Sie keinen erkennbaren

Grund für die Panik nennen können. Ein Zustand, den Sie dann mit vielen Menschen teilen, die unter Angstanfällen leiden. Auch dies ist ein Zeichen für die Tatsache, dass wir in einer von Gott losgelösten Welt leben – und trotzdem liebt er sie (vgl. Joh 3,16).

2. Angst gehört zum Leben

... und ist nicht grundsätzlich ein schlechtes Gefühl. In vielen Fällen ist sie eine biologisch sinnvolle Reaktion, die uns hilft, zu überleben: Sie passen Ihre Geschwindigkeit mit dem Auto den Verhältnissen an – weil sonst Gefahr droht. Sie wollen vor anderen nicht unangemessen auffallen, um Ihre Beziehung zu den Kunden nicht zu gefährden. Allerdings kann die Angst – wie in Ihrem Fall – so stark werden, dass sie Sie lähmt.

3. Was passiert bei der Panik?

Sie selbst nennen ja körperliche Veränderungen: Schwitzen, Herzklopfen, Atemnot. Diese Symptome können auch durch zügiges Treppensteigen entstehen oder durch Hitze. Sie nehmen diese Veränderungen wahr. Entscheidend ist jedoch, wie Sie jetzt darüber denken. In der Regel sehen Sie Gefahr für sich. Sie befürchten sogar, zu ersticken, und reagieren mit großer Angst. Diese wiederum löst stärkere körperliche Veränderungen aus. Die Folge: Sie sehen noch mehr Gefahr für sich und Ihr Körper reagiert überaus heftig ... Ein Kreislauf entsteht, aus dem Sie scheinbar nicht mehr ausbrechen können. Weil alles so blitzschnell abläuft, können Sie in der Regel nicht mehr nachvollziehen, was denn der eigentliche Auslöser war. Panik bricht wie aus heiterem Himmel über Sie herein.

4. Was können Sie tun?

Akzeptieren Sie, dass auch bei Ihnen als Christ solche Ängste auftreten können. Sie sind trotzdem von Gott geliebt und wertgeschätzt. Entdecken Sie Jesus Christus als wichtigsten

Ansprechpartner, dem Sie auch in diesen Sekunden Ihre Ängste vorbehaltlos sagen können.

Wenn sich Ihre Angst rasend schnell durch den beschriebenen Kreislauf zur Panik steigert, gibt es weniger geistliche Ursachen, sondern biologische und psychische. Hier wurden in den letzten Jahren sehr wirksame Behandlungsmethoden erarbeitet:

– Treten körperliche Symptome auf, können diese durch gezielte *Entspannungsübungen* eingedämmt oder ganz überwunden werden.

– Es gibt Auswege aus Angstanfällen, indem Menschen lernen, gleich bei ersten Anzeichen von körperlichen Symptome *neu über diese nachzudenken*: „Ich darf Angst haben ...", „Was immer auch passiert, mein Herr hält mich!"

– *Lernprogramme* helfen, in realen Situationen auf der Straße, in einer voll besetzten Straßenbahn, im Aufzug oder in großer Höhe sich unter Anleitung den körperlichen Symptomen und den Angstgefühlen bewusst auszusetzen, bis sie sich verlieren.

– Suchen Sie für diese Schritte Biblisch-therapeutische Seelsorge auf.

Info

Angst zeigt sich im *Denken und Fühlen* (Angstgedanken, negative Bewertungen wie „Ich werde dieses Herzklopfen nicht überleben"), im *Verhalten* (Flucht oder Vermeidung bestimmter Situationen) und am *Körper* (Zittern, erhöhter Herzschlag, Schwitzen, Schlaflosigkeit etc.).

Von einer „unnormalen" Angst spricht man, wenn das Verhalten der Situation nicht angemessen ist (z. B. Schweißausbrüche und Atemnot im Fahrstuhl), wenn die Angstreaktion lange anhält, wenn der betroffene Mensch die Angst nicht erklären oder bewältigen kann und wenn die Angst das tägliche Leben sehr stark beeinträchtigt.

Etwa 10% der Bevölkerung leiden im Laufe des Lebens an spontanen Angstanfällen (siehe Beispiel). Neben diesen so genannten *Paniksyndromen* kennt man die *phobischen Störungen* (Angst vor Plätzen oder Menschen), die *einfache Phobie* (z. B. Angst vor Tieren oder auch die Angst vor Höhe) oder *Zwangsstörungen* (z. B. wiederholtes Händewaschen aus Angst vor Ansteckung). Auch *Ängste durch Verluste* (des Partners, der Gesundheit) und *geistliche Ängste* (von Gott nicht erlöst oder geliebt zu sein) verursachen typische Angstsymptome.

Die effektivste Behandlungsmethode ist hier die klassische und kognitive Verhaltenstherapie, die in den meisten Fällen einer rein medikamentösen Behandlung weit überlegen ist.

Ohne Arbeit – was tun?

„Vor sechs Wochen wurde mein Mann arbeitslos ... Und es sieht nicht gut aus, in seinem Beruf als Schichtführer bald eine andere Stelle zu bekommen. Es sind nicht nur die finanziellen Sorgen, die uns drücken. Wir haben ja noch Schulden auf unserer Eigentumswohnung. Noch mehr Not machen mir die Veränderungen bei meinem Mann. Bisher ging über 15 Jahre lang alles seinen Gang. Er verdiente das Geld und ich versorgte die Familie. Jetzt redet er nur noch schlecht von sich und hängt durch. Nur mit Mühe bringe ich ihn dazu, beim Arbeitsamt nach dem neuesten Stand zu fragen. Eine liebe Mitschwester in unserer Gemeinde fragte, ob ich nicht in einem Büro mitarbeiten wollte. Im Gespräch mit meinem Mann merkte ich, dass er im Grunde dagegen ist. Immer schwerer fällt es ihm, mit in die Gemeinde zu kommen. Er hat das Gefühl, dass die anderen auf ihn herabsehen. Was sollen wir tun?"

Sie erleben eine große Unsicherheit. Vieles steht plötzlich zur Debatte: Sollen Sie in einen Beruf einsteigen und Ihr Mann die Versorgung der Kinder übernehmen? Wie viel wert ist ein Mann ohne Arbeit?

1. Behalten Sie die Initiative

Wer arbeitet, ist aktiv, lernt dazu und qualifiziert sich weiter. Arbeitslosigkeit macht eher passiv. Die tägliche Anforderung in dem Bereich, in dem Ihr Mann kompetent ist, fehlt ihm. Schnell stellt sich das Gefühl der Minderwertigkeit ein. Ihr Mann scheint jetzt zur Passivität verurteilt zu sein. Dennoch: Behalten Sie zusammen mit Ihrem Mann die Initiative!

116

2. Planen Sie den Tag

Bisher gab die Arbeit Ihres Mannes den Rhythmus an: Arbeitszeit, Freizeit, Urlaubszeit. Tag für Tag, Woche für Woche hatte so alles seine Ordnung. Es ist schwer, ohne feste Arbeit den Tag sinnvoll zu planen, aber versuchen Sie es: Wann werden Sie morgen aufstehen? Welche Besorgungen stehen an? Was werden Sie am Nachmittag tun? Konkrete Planungen entlasten Sie beide.

3. Suchen Sie aktiv nach Arbeit

Eine große Zahl der Arbeitsstellen wird durch Eigeninitiative gefunden. Studieren Sie die Stellenangebote in Zeitungen. Lassen Sie Ihre Freunde und Bekannte Ihre Situation wissen. Ziehen Sie sich deshalb nicht zurück. Gerade jetzt brauchen Sie diese Kontakte. So bekommen Sie Tipps und hilfreiche Empfehlungen.

4. Kontrollieren Sie Ihre Gedanken

Da die regelmäßige Arbeit das psychische Erleben günstig beeinflusst und stabilisiert, wirkt sich bei den meisten Menschen Arbeitslosigkeit entsprechend nachteilig aus. „Ich habe keine Arbeit – was bin ich jetzt noch wert?" „Mit einer höheren Schulbildung wäre mir das nicht passiert." Solche Gedanken ziehen Sie stimmungsmäßig nach unten und nehmen Ihnen die Hoffnung. Suchen Sie nach wirksamen Gegengedanken: „Mein Herr und Gott steht zu mir." Oder korrigieren Sie Ihre Sichtweise: „Ich habe zwar nicht studiert, aber mein Wissen gründet auf solider Berufs- und Lebenserfahrung." Auch ein Personalchef im Bewerbungsgespräch spürt, ob Sie positiv über sich selbst denken.

4. Fassen Sie Vertrauen in Jesus Christus

Arbeitslosigkeit ist keine Schande vor Gott und der Gemeinde. Sie stellt eine momentane Lebenskrise dar, die Ihnen Jesus Christus zumutet. Andererseits hat er sich Ihnen als Christ gegenüber verpflichtet, Wege zu zeigen, trotz der Arbeitslosigkeit. Vielleicht müssen Sie umziehen, in einer anderen Branche arbeiten oder die Aufgaben zwischen Ihnen als Ehepartnern vertauschen ... Doch seien Sie gewiss, dass sich Jesus Christus auch in diesen neuen Situationen für Sie als Fels erweisen wird. Tun Sie beides: Verlassen Sie sich betend ganz auf Jesus Christus, und unternehmen Sie alles, um neue Aufgaben zu finden.

Info

Arbeitslosigkeit kann viele treffen: Im Juli 1994 waren es über 3.706.000. Was tun?

1. Melden Sie sich sofort persönlich arbeitslos (Arbeitslosengeld wird erst bezahlt, wenn Sie persönlich den Antrag gestellt haben).

2. Suchen Sie die Unterstützung durch das Arbeitsamt. Fachkräfte beraten Sie und helfen durch Geldleistungen.

3. Beachten Sie die Grundregeln: **Bleiben Sie aktiv** (regelmäßiges Lesen der Stellenangebote, bei Freunden und Bekannten intensiv nachfragen, Personalabteilungen von Firmen ansprechen, Bewerbungsschreiben verschicken). **Werden Sie mobil** (*beruflich*: Interessieren Sie sich auch für Tätigkeiten, die nur teilweise oder gar nicht Ihrer Ausbildung entsprechen; *regional*: Nehmen Sie weitere Anfahrtswege in Kauf oder erwägen Sie einen Umzug; *zeitlich*: Seien Sie bereit, auch zu ungewöhnlichen Zeiten zu arbeiten). Weitere Tipps und Wege finanzieller Hilfen erfahren Sie bei Ihrem Arbeitsamt.

Christliche Gemeinden können durch Sozialfonds die Situation arbeitsloser Christen überbrücken helfen und sich aktiv an der Suche nach neuen Arbeitsmöglichkeiten beteiligen.

Wut im Bauch

„Sie ahnen kaum, wie mir vor dem Weihnachtsfest graut", so der 50-jährige Herr D. „Jedes Jahr verbringen wir die beiden Weihnachtsfeiertage bei meiner Schwägerin. Wie ich das hasse. Allein der Gedanke daran bringt mich auf 180. Ich kann diese Frau nicht ausstehen. Wie sie über unsere Kinder redet, mit spitzer Zunge mich attackiert, an ihrer Mutter im Pflegeheim kein gutes Haar lässt – und das, obwohl sie jahrelang gemeinsam in die Versammlung gingen. Sie nörgelt, schimpft, redet ohne Unterlass. Ich weiß nicht, wie dies mein Schwager schon so viele Ehejahre aushält. Ich für meinen Teil vermeide jedenfalls das ganze Jahr über den Kontakt. Eins weiß ich gewiss, sobald unsere Mutter tot ist, bleiben wir in Zukunft an Weihnachten zu Hause. Meine Frau findet dies alles nicht so schlimm. Sie sagt: ‚Mach's wie ich – stelle auf Durchzug, meine Schwester war schon immer so.' Haben Sie einen Vorschlag, wie ich mich verhalten soll?"

Ihre Worte zeigen, dass Sie viel Wut erleben, wenn Sie nur an die Begegnung mit Ihrer Schwägerin denken. Dabei staunen Sie über Ihre Frau, die mit ihrer Schwester anders umgehen kann als Sie. Wut ist ein Gefühl. Sie kommt jedoch nicht triebhaft aus Ihnen. Vielmehr hat sie mit den Gedanken, Vorstellungen und bestimmten Phantasien zu tun, die Sie über Ihre Schwägerin haben. Diese wirken auf Ihren Körper und Ihr Verhalten.

1. Wut ist keine unkontrollierbare Macht
Beobachten Sie in den nächsten Tagen, wie Ihre Wut über Ihre Schwägerin entsteht. Schreiben Sie auf, welche Gedanken Sie denken, welche Selbstgespräche Sie führen, welche Erinnerungen Ihnen vor Augen stehen, welche Situationen diese

Wutgefühle auslösen. Dabei werden Sie entdecken, dass Ihre Wut auch mit bestimmten Sichtweisen zu tun hat, die Sie beeinflussen können.

2. Beginnen Sie, anders zu denken

Gedanken wie „Was bildet die sich denn ein …" oder „Mit welchem Recht redet sie derartig schlecht über andere …" schüren Ihre Wut. Beginnen Sie, mit anderen Gedanken dagegenzuhalten: „Vielleicht ist sie im Grunde sehr unglücklich, wenn sie sich so verhält." In dem Maße, wie Sie sich in Ihre Schwägerin einfühlen und versuchen, sie in ihrem Verhalten zu verstehen, gewinnen Sie mehr Distanz und sind nicht mehr so betroffen. Sie werden gelassener.

3. Suchen Sie die Stärken des anderen …

… statt sich nur auf die Schwächen Ihrer Schwägerin zu konzentrieren. Sie können Ihre Schwägerin nicht ändern. Der Schlüssel für eine bessere Beziehung liegt in Ihnen, ob Sie bereit sind, Ihre Sicht über Ihre Schwägerin zu verändern. Konzentrieren Sie sich schon jetzt darauf, wie Sie die beiden Besuchstage konstruktiv gestalten können. Statt gegen Ihre Schwägerin anzukämpfen, können Sie folgenden Weg beschreiten: Bleiben Sie bei aggressiven oder spitzen Bemerkungen Ihrer Schwägerin gelassen. Ganz ruhig könnten Sie sagen: „Gebe ich dir seit meinem Hiersein Anlass für diese Bemerkungen? Was ist los?" Hören Sie sich dann den Standpunkt Ihrer Schwägerin bis zu Ende an, selbst wenn Sie mit dem Gesagten nicht einverstanden sind, und auch dann, wenn die Darstellung verzerrt oder übertrieben ist. Hören Sie ihr entspannt zu. Stellen Sie zu ihr Augenkontakt her. Pflichten Sie dem bei, was stimmt. Bei anderem schweigen Sie. Lassen Sie sie ausreden. Bleiben Sie Herr der Lage und vor allem Ihrer Gedanken, Ihrer Gefühle und Ihres Verhaltens. Versuchen Sie freundlich zu bleiben. Dies wird eine gute Rückwirkung auf das Verhalten Ihrer Schwägerin haben.

4. Christen haben eine größere Perspektive

Ich wünsche Ihnen, dass Sie bei allen Ihren Gedanken und Befürchtungen den Blick zu Jesus Christus nicht verlieren. Denken Sie daran: Auch wenn Sie viele Konflikte zwischen Ihnen und ihr nicht mehr lösen können, auch wenn es weiter Sticheleien geben wird: Jesus Christus kennt Ihre Lage. Paulus wünscht den miteinander streitenden Korinthern die größere Perspektive. Er fragt sogar: „Warum lasst ihr euch nicht lieber unrecht tun?" (1. Kor, 6,7). Stattdessen suchen sie die Klärung ihrer Differenzen vor weltlichen Gerichten. Reden Sie mit Jesus Christus über Ihre Situation, sagen Sie ihm Ihre Befürchtungen. Sie werden erleben, wie er Ihnen Gelassenheit schenkt.

Info

Wissenschaftliche Erkenntnisse belegen, dass Wut kein Trieb ist. Auch die auf S. Freud und J. Breuer zurückgehende Vorstellung ist fraglich geworden, nach der die Freisetzung (Katharsis) eines Gefühls (z. B. durch Schreien, Werfen mit Geschirr, durch Sport) therapeutische Wirkung habe. Vielmehr zeigten sich u. a. folgende Aspekte:

– Menschen sind in der Lage, Gefühle zu verbergen oder bewusst zu provozieren. Wut kann gespielt werden, um eine bestimmte Wirkung bei anderen hervorzurufen (z. B. wütender Auftritt im Ladengeschäft, um den selbst verschuldeten Defekt des Gerätes als Garantiefall durchzusetzen). Die Art und Weise, Wut zu äußern, hängt vom jeweiligen kulturellen Kontext ab.
– Aggression (z. B. heftiges Schreien) ist kein geeignetes Mittel, um Wut abzubauen. Untersuchungen zeigen, dass Partner, die einander anschreien, danach noch wütender sind.

– Das ständige Sprechen über Wut führt nicht zwingend zum Abbau der Wut. Im Gegenteil: Beim wiederholten Erzählen der Verletzungen durch einen anderen Menschen wird die emotionale Erregung erneut aufgebaut. Außerdem verstärkt dies jedes Mal die subjektive Sicht über den Grund der Wut.

Nein sagen

Erneut tappte Herr J., 33 Jahre, verheiratet, in seine „Falle".
„Das geht jetzt schon seit vielen Jahren so. Wer mich um einen
Gefallen bittet, hat leichtes Spiel. Letzte Woche klagte mein
Chef einmal mehr über die viele Arbeit. Ohne groß zu
überlegen, sagte ich ihm Überstunden zu. Meine Kollegen
hörten weg. Was mache ich bloß falsch? In solchen Momenten
denke ich ganz für meinen Chef. Er tut mir Leid. Außerdem
bin ich doch als Christ verpflichtet, jedermann Gutes zu tun.
Oder? Natürlich gefällt es mir, wenn ich dann ein anerken-
nendes Wort vom Chef bekomme ... Auch in meiner
Gemeinde passiert mir dies. Dies belastet bereits meine Ehe,
weil ich in meiner Freizeit mehr in der Gemeinde als zu Hause
bin. Ich will nicht mehr nur Ja sagen. Ich weiß nicht, wie oft
ich schon gescheitert und in diese Falle getreten bin. Was raten
Sie mir?"

Es gibt einen Ausweg für Sie. Dabei müssen Sie jedoch bereit
sein, Ihr Verhalten zu ändern. Auf der einen Seite wollen Sie
Menschen helfen. Sie sehen deren Not. Dabei ist es Ihnen
wichtig, christlichen Maßstäben zu folgen und auch Anerkennung zu bekommen. Andererseits verausgaben Sie sich. Sie
sagen zu oft Ja. Dann überfordern Sie sich und Ihre Frau. Dies
kostet viel psychische Kraft.

1. Suchen Sie das mittlere Maß

Entweder jedem helfen oder keinem mehr: Dies ist eine
falsche Alternative. Sie stehen in der Gefahr, sich selbst kaputt
zu machen, weil Sie zu viel für andere tun. Sie schaffen sich
ein immer schwereres Gewissen, wenn Sie die Bitte um Hilfe
ausschlagen. Schließlich erleben Sie Angst, dass sich Menschen von Ihnen abwenden könnten, wenn Sie ihnen nicht
vorbehaltlos helfen. Deshalb: Suchen Sie den mittleren Weg.

123

Sie müssen lernen, Ihre Grenzen mehr abzustecken. Verschaffen Sie sich zeitliche Freiräume in der Woche, in denen Sie selbst Atem holen können und Ihre Ehe pflegen. Sie sind zuerst für sich selbst und für Ihre Ehe zuständig und dann erst, an zweiter Stelle, auch für andere.

2. Üben Sie das Neinsagen

Ich weiß, dass Ihnen dies sehr schwer fällt. Doch denken Sie daran: Wenn Sie einmal Nein sagen, dann sagen Sie mit großer Wahrscheinlichkeit dennoch viel häufiger Ja, als dies die meisten Menschen um Sie herum tun. Gerne würden Sie Ihrem Chef eine Absage erteilen. Doch wenn Sie sich diese Szene vorstellen, beschleichen Sie wieder unangenehme Gefühle. „Kann ich dies wirklich?" „Was wird er dann über mich denken?" Was werden Sie diesen Gedanken entgegenhalten? Vielleicht könnten Sie sich sagen: „Ich darf Nein sagen. Diesen Abend habe ich mir und meiner Frau versprochen. Morgen Abend sind Überstunden möglich." Üben Sie diese und andere Szenen im Rollenspiel mit einem guten Freund oder zusammen mit Ihrer Frau ein. Bitten Sie dann um ein ehrliches Feedback. War es ein zögerliches Nein? Wie selbstbewusst sind Sie aufgetreten? Welche Botschaft vermittelte Ihre Körperhaltung? Wie werden Sie reagieren, wenn Ihr Chef kontert: „Das hätte ich nicht von Ihnen erwartet ... Wie können Sie mir so etwas antun?" Vielleicht so: „Ja, ich kann verstehen, dass Sie jetzt enttäuscht sind. Aber der heutige Abend ist für mich und meine Frau wichtig, ich kann Ihnen jetzt leider nicht helfen. Gerne nächsten Donnerstag."

3. Dürfen Christen Nein sagen?

Ja, Sie müssen es sogar, weil Sie sich sonst unverantwortlich überfordern und gefährden. Schon die Zehn Gebote lehren, dass nach der Arbeitswoche auch der Ruhetag folgen soll. Auch Jesus benötigte Erholung und Zeit fürs Gebet, um wieder Kräfte zu sammeln. Der Apostel Paulus hatte den Mut, dringende Besuchsbitten von jungen Gemeinden abzusagen. Er konnte nicht alles schaffen … Natürlich müsste man heutzutage bei immer mehr jungen Christen einen anderen Akzent setzen: Bitte seid doch endlich bereit, zu dienen, euch für eine gewisse Zeit missionarischen, sozialen oder gemeindebezogenen Aufgaben zur Verfügung zu stellen. Doch in Ihrer Situation liegen die Dinge anders. Sie sind zu hilfsbereit, manchmal zu gutmütig. Dies führt Sie an die Grenze Ihrer Belastbarkeit. Haben Sie den Mut, Ihr Bedürfnis, anderen stets helfen zu wollen, zu frustrieren.

Info

Neben den Wesenszügen und Grundstrukturen lassen sich in der Persönlichkeit des Menschen auch Tiefenstrukturen (nach M. Dieterich) beschreiben. Darunter fällt die *Warmherzigkeit*: Menschen sehnen sich nach engen Beziehungen und haben große Angst, allein gelassen oder isoliert zu werden. Durch ihren hohen Einsatz möchten sie andere glücklich machen und an sich binden. Dabei können sie großzügig die Fehler der Menschen, für die sie sich engagieren, übersehen oder entschuldigen. Sie stehen in der Gefahr, als „bescheidene" oder „dienende" Menschen einen Teil ihres Ichs aufzugeben. Sie gelten auch als „optimale" Mitarbeiter.

Immer wieder kann es vor diesem Hintergrund zu einem *Burnout*, zu einem Ausgebranntsein, kommen. Insbesondere Berufstätige in sozialen Arbeitsbereichen leiden darunter, wenn sie sich dauernd überfordern und in einem unbefriedigenden Verhältnis von Leistung und Erfolg leben. Dabei kann die subjektive Anstrengung steigen, während gleichzeitig die Qualität der Leistung absinkt. Burnout kann auch im Sinne eines Helfersyndroms bis zu Depressionen und zur Arbeitsunfähigkeit führen.

Mir läuft die Zeit davon

„Ich glaube, mein Mann hat sich schon daran gewöhnt", sagt die 33 Jahre alte Frau S., Mutter von zwei Kindern (vier und sechs Jahre). „Wenn ich für andere etwas tun soll, bekomme ich dies in der Regel auf den letzten Drücker hin. Anders sieht es mit unserem eigenen Haushalt aus. Da türmen sich die Wäscheberge ... Ein Beispiel für den Stress, den ich mir mache: Da sage ich unserem Pastor zu, dass ich zum Gemeindefest drei Kuchen beisteuere. Drei Kuchen ...! Eigentlich müsste ich froh sein, wenn ich einen schaffe. Ich denke: Eine Stunde und die Kuchen stehen auf dem Tisch. Ich fange am Samstagmorgen an. Mehl und Zutaten fehlen. Ich kaufe ein. Komme viel zu spät zurück. Das Mittagessen verschiebt sich. Abwasch, Hausputz. Was, es ist schon wieder 18.00 Uhr? Abendessen. Dann aber ist Kuchenbacken dran. Doch um halb acht rufen Freunde an und erinnern uns an den gemeinsamen Abend. Müde komme ich gegen 23.30 Uhr heim. Ich raffe mich auf und lege eine Nachtschicht ein. Um 3.00 Uhr morgens bin ich endlich fertig. Können Sie mein Problem verstehen? Wie könnte ich diesen Zustand ändern?"

Ich kann gut verstehen, was Sie berichten. Sie geraten immer wieder unter ziemlichen Druck. Ihre eigenen Aufgaben im Haushalt liegen klar vor Ihnen. Doch schaffen Sie es nicht, sie „abzuarbeiten". Selbst dann, wenn Sie sich für andere engagieren, fällt es Ihnen schwer, diese Aufgaben pünktlich oder so, wie Sie es geplant haben, zu erledigen. Viele Dinge lenken Sie von Ihrem Vorhaben ab. Am Ende haben Sie viel angefangen, aber kaum etwas zu Ende gebracht.

1. Jedes Ding braucht seine Zeit
Könnte es sein, dass Sie nicht immer genau abschätzen

können, wie lange eine Aufgabe dauern wird, wie viel Zeit Sie dafür einplanen müssen? Es gibt Kuchen, die benötigen allein eine Stunde Backzeit. Doch innerlich bewerten Sie die Lage anders. „Eine Stunde, und die Kuchen stehen auf dem Tisch." Sie rechnen mit einer extremen Idealzeit für diese komplexe Aufgabe.

2. Sie brauchen „Erfahrungsaustausch"

Sprechen Sie doch mit guten Bekannten über deren zeitliche Erfahrungen beim Kuchenbacken, Hausputz usw. Dadurch würden Sie ein stärkeres Gefühl entwickeln, wie lange welche Aufgabe wahrscheinlich dauern wird. Vielleicht erschrecken Sie darüber, wie unrealistisch Sie bisher den Zeitbedarf eingeschätzt haben. Aber genau hier kann eine Ursache für Ihr Problem liegen.

3. Bei der Sache bleiben

Leichter gesagt als getan, denken Sie vielleicht. Und da haben Sie Recht. Manchen Menschen fällt es leichter, sich zu konzentrieren. Die einen lassen sich weniger, die anderen mehr ablenken. Doch Sie können dazulernen und eine bessere Konzentration einüben. Planen Sie Folgendes:

- Suchen Sie sich eine überschaubare Aufgabe (ca. 1 bis 1 ½ Stunden lang – bitte realistisch einschätzen!, z. B. einen bestimmten Teil der Wäsche bügeln) und wählen Sie einen Vormittag der Woche, an dem Sie voraussichtlich ungestört sind.

- Nehmen Sie sich einen bestimmten Satz vor (z. B. „Ich bleibe bei mir"), den Sie sich sofort sagen, wenn Sie den inneren Impuls spüren, jemanden anzurufen, „kurz" in die Küche zu gehen oder „kurz" im Keller etwas zu besorgen oder „kurz" noch etwas für das Mittagessen einzukaufen.

- Belohnen Sie sich nach der ersten halben Stunde mit etwas Angenehmem, wenn Sie es geschafft haben, „bei der Sache zu bleiben" (fünf Minuten ein Lieblingsstück auf der CD hören, einen Apfel verzehren). Dann wenden Sie sich wieder Ihrer Arbeit zu.

- Nach dieser geplanten Übung dürfen Sie sich freuen, diese Übung geschafft zu haben. Wiederholen Sie diese Übung und übertragen Sie sie auch auf andere Tätigkeiten in Ihrem Umfeld.
- Rechnen Sie mit vier bis sechs Wochen, bis Sie dieses neue Verhalten „verinnerlicht" haben.

4. Müssen Sie wirklich alles selbst tun?
Was könnten Ihre Kinder selbstständig übernehmen? Was könnten Sie an Ihren Mann delegieren? Welche Mitarbeit in der Gemeinde ist wirklich gefragt? Auch hier benötigen Sie den Austausch mit anderen Frauen. Wie bringen diese die vielen Anforderungen „unter einen Hut"? Wenn Sie sehr eigenständig sind, haben Sie den Vorteil, dass Sie sich wenig mit anderen absprechen müssen. Doch dadurch fördern Sie nur wenig die Mitverantwortung Ihrer Angehörigen.

Info

Menschen in Kleinasien verstehen die Zeit mehr „zirkulär". Sie leben sehr stark auf ein bestimmtes Ereignis (z. B. Besuch von Verwandten) hin und von diesem Ereignis her. Dann folgt das nächste Ereignis usw. Wir dagegen erleben Zeit eher „linear". Ein Termin, eine Aufgabe folgt der andern. Doch hier gibt es eine Fehlerquelle: Menschen schätzen den notwendigen zeitlichen Aufwand viel zu optimistisch ein. Versuchen Sie es selbst: Wie lange benötigen Sie, um einen Brief zu schreiben, einen Kuchen zu backen, die Koffer für den Urlaub zu packen? Und wie viel Zeit benötigen Sie dazu dann wirklich?
Untersuchungen von amerikanischen Psychologen haben gezeigt, dass wir uns bei langfristigen Projekten um Wochen

verschätzen, bei kurzfristigen um Tage. Wie kommt es dazu? In der Regel ignorieren wir unsere bisherigen zeitlichen Erfahrungen im Umgang mit solchen Aufgaben. Statt uns auf das zu konzentrieren, was wir angesichts der uns zur Verfügung stehenden Zeit wirklich leisten können, bleiben wir in unseren Gedanken optimistisch bei dem, was wir erledigen wollen. Der nächste geplatzte Termin steht ins Haus.

Warum bin ich jetzt so?

„Vor zwei Jahren hatte ich einen schrecklichen Unfall. Ein Jahr Krankenhaus und Reha. Heute habe ich das Gefühl, dass ich mich noch nicht erholt habe, auch wenn die Ärzte anderer Meinung sind", klagt die 28-jährige Frau M. „Wenn ich morgens in den Spiegel schaue, sehe ich mein entstelltes Gesicht. Und längere Spaziergänge klappen nicht mehr. Da brauche ich Krücken oder einen Rollstuhl. Ich werde mit diesem Zustand nicht fertig. Ich begreife nicht, warum mich damals dieser Lastwagen angefahren hat. Wenn ich nicht Christin wäre, vielleicht hätte ich mir längst das Leben genommen. Warum bin ich jetzt so ...? Was habe ich denn jetzt noch für eine Perspektive?"

Als Außenstehender kann ich nur ahnen, was Sie in den letzten 24 Monaten durchgemacht haben. Obwohl es Ihnen körperlich gesehen wieder relativ gut geht, haben Sie sich psychisch noch nicht erholt. Sie versuchen dieses schwere „Schicksal" zu begreifen und Gründe dafür zu finden. Aber da stoßen Sie an Grenzen. Sie hadern mit Gott und stellen Ihre ganze Existenz in Frage.

1. Haben Sie Geduld, der Tag kommt, an dem Sie diese Zumutung annehmen können

„Sie haben leicht reden!", denken Sie vielleicht. Und dennoch weiß ich, dass Sie das schaffen werden. Sie werden lernen, eine neue Lebensperspektive zu entwickeln. Sie werden wieder sicheren Boden unter die Füße bekommen und von Herzen glauben können. Was macht mich so gewiss? Weil ich weiß, dass Gott jedem Menschen diese Fähigkeit gegeben hat. Wenn äußere Umstände nicht verändert werden können, dann können wir Menschen lernen, neu darüber nachzudenken, die bestehenden Grenzen anzunehmen und unter den neuen

Bedingungen die schönen Seiten des Lebens zu entdecken. Natürlich ist dieser Punkt nicht sofort erreichbar. Beginnen Sie heute, in diese Richtung zu denken.

2. Glauben heißt, die Unbegreiflichkeiten Gottes auszuhalten

Dies ist schwerer. Sie erleben momentan Gott wie hinter Wolken. Als würde er sagen: „Sieh zu, wie du damit zurechtkommst." Sie versuchen dieses Handeln Gottes zu begreifen. Doch da kreisen Sie mit Ihren Gedanken und kommen nicht weiter. Wahrscheinlich kann man diesen schweren Unfall und Ihr Leiden nicht „begreifen". Gott mutet Ihnen dies zu. Ich schlage Ihnen deshalb vor, das zu tun, was viele Menschen vor Ihnen getan haben: Sie haben ihr Leid Gott geklagt: „Wenn du, Gott, jetzt glaubst, dass ich von dir lasse, dann irrst du dich. Du bist ein mächtiger Gott. Du hast das Leiden deines Sohnes ausgehalten. Und jetzt hältst du offenbar auch mein Leiden aus. Ich begreife das nicht. Aber ich spüre, dass du es bist, der mich an meine Grenzen führt. Und vielleicht ist das gut so. Ich bleibe abhängig von dir und überschätze mich nicht. Ich will mich an dem freuen, was mir bleibt, und auf die Zeit sehen, da wir in deinem Haus über mein Leben sprechen und ich es verstehen werde." Selbst Jesus musste lernen, in den Willen seines himmlischen Vaters einzuwilligen (Mk 14,36 und Hebr 5,7-10).

3. Schütten Sie guten Weizen in Ihre „Gedankenmühle"!

Fragen Sie andere, die eine solche schwere Krise bereits bewältigt haben. Sie werden Ihnen bestätigen: Es ist wichtig, wie Sie selbst über Ihre Lage denken. Es ist gut, diesem Leid bewusst positive Seiten abzugewinnen: „Im Vergleich mit anderen Behinderten kann ich immer noch ..." „Wenn ich keine langen Wanderungen mehr machen kann, kann ich mich mehr auf Gespräche mit anderen Menschen konzentrieren ..." Achten Sie darauf, mit welchen Gedanken Sie den Tag beginnen. Legen Sie ein gutes Wort Gottes in Ihre Mühle, so lautet die Empfehlung eines Wüstenmönches aus vergangener Zeit: „Wenn du aufstehst, so öffne als Allererstes deinen Mund zum Lob Gottes und stimme Lieder und Psalmen an. Denn die erste Beschäftigung, mit der sich der Geist morgens abgibt, hält an, so wie ein Mahlstein den ganzen Tag über mahlt, was ihm vorgesetzt wird, sei es nun Weizen oder Unkraut. Daher sei du immer der Erste, um Weizen hineinzuwerfen, bevor dein Feind Unkraut hineinwerfen kann." Beschäftigen Sie sich auch den Tag über immer wieder mit schönen Dingen, die Ihnen Freude machen.

Info

Aus christlichen Texten ist bekannt, dass Menschen unveränderbare Tatsachen wie „Schicksalsschläge" oder schwere Verluste konstruktiv bewältigen können. In der Psychologie wird dieses Phänomen seit einigen Jahren unter dem Fachbegriff „emotionale Bewältigungsstrategien" (emotionales Coping) erforscht. Es haben sich drei wichtige Aspekte gezeigt:

- Menschen, die mit ihrem „Schicksal" hadern und die Ursachen ihrer leidvollen Situation finden wollen, die Zukunft in Gedanken negativ ausmalen und darüber grübeln, erleben ähnliche Symptome wie sonst bei Stress oder Angst.
- Demzufolge helfen Maßnahmen, wie sie aus der Stress- und Angstbehandlung bekannt sind (z. B. Arbeit an den Gedanken, an sozialen Kontakten, sowie Entspannungsübungen und berufl. oder ehrenamtl. Aktivität).
- Menschen, die einen festen Glauben haben (z. B. bewusste Christen), haben bei der Bewältigung solcher Krisen eindeutige Vorteile (durch das Gebet, lebendige Hoffnung).

Single? – Ohne mich!

Frau R., 32 Jahre alt, beschreibt ihre Situation: „Ich halte die Einsamkeit nicht mehr aus. Jetzt hat auch noch meine beste Freundin geheiratet – und ich bleibe auf der Strecke. Wenn ich nach der Arbeit meine Wohnung betrete, bekomme ich Panik. Nichts wie weg hier. Dann sitze ich zwei Hauskreisabende und einen Singletreff pro Woche ab und versuche an den anderen Abenden auszugehen. Schlimm wird es am Wochenende. Wenn ich im Gottesdienst bin, kann ich die Gedanken der anderen lesen: ‚Warum die wohl keinen Mann hat?' – ‚Aha, sitzen geblieben.' Ich gebe zu: Mein größter Wunsch ist es, Familie zu haben. Single? – Ohne mich! Ich bete viel, aber Gott erhört mich nicht. Ich weiß nicht, was ich schon unternommen habe, um meine Situation zu ändern. Auf Freizeiten treffe ich viele Leidensgenossinnen, doch nur sehr selten gläubige Männer. Gut, einmal wollte mich ein knapp 40-jähriger Mann heiraten. Aber der war so komisch ... Was mache ich bloß falsch? Was an mir stößt die Männer ab?"

Sie sprechen Ihre Gedanken und Gefühle offen aus. Ihre Worte zeigen, wie sehr Sie unter Ihrem „Schicksal" leiden. Sie sind nicht freiwillig Single. Das Thema „Heiraten" und „Familie" bestimmt Ihr Denken, Fühlen und Handeln. Und mit dieser Perspektive beobachten Sie sich selbst und die anderen Menschen. Sie fühlen sich weniger wert, weil Ihnen der Mann fehlt. Da hilft es Ihnen auch nicht zu wissen, dass viele junge gläubige Frauen „Leidensgenossinnen" sind. Sie fühlen sich einsam und halten diesen Zustand kaum aus. Eine schnelle Lösung habe ich nicht. Vieles müssten wir jetzt besprechen. Hier einige erste Hinweise:

1. Auch wenn Sie Ihre Lebenssituation momentan nicht ändern können, es liegt an Ihnen, wie Sie darüber denken wollen.

Gedanken, die in die Enge führen können:

- Ich bin zu klein (oder zu groß), zu dick (oder zu dünn). Deshalb habe ich noch keinen Partner gefunden. Also muss ich hier etwas ändern.
- Es gibt zu wenige Männer. Ich muss von hier wegziehen.
- Meine Freunde helfen mir nicht. Auch Gott nicht. Ich bin völlig auf mich gestellt.
- Wenn ich keinen gläubigen Mann finde, suche ich mir eben einen, der noch nicht Christ ist. Ich werde dann beten, dass er Christus findet ...

In den nächsten Zeilen möchte ich Ihnen einige alternative Gedanken vorstellen, durch die Sie Ihre Situation unverzerrter bewerten können. (Bitte sagen Sie jetzt nicht: „Der hat mit Frau und Kindern leicht reden." Stimmt, meine Lebenssituation ist eine andere. Aber aus der Seelsorge weiß ich, dass Menschen in der Lage sind, zu neuen Lebenszielen und Denkweisen zu finden. Diesen Mut wünsche ich Ihnen auch.)

- Ja, wenn ich ehelos bleibe, wird mir das Du fehlen.
- Single sein hat auch Vorteile: weniger Verantwortung, mehr freie Kapazität für Hobbys, Freizeitgestaltung usw.
- Ich bin ungebundener und vom Arbeitsplatz her flexibler.
- Ich könnte versuchen, mit Frauen in ähnlicher Situation eine christliche Lebensgemeinschaft zu bilden. So könnte auch ich ein ehrliches Feedback auf mein Verhalten bekommen.
- Ich könnte in meiner Gemeinde einen Dienst übernehmen, der verheirateten Frauen nicht so gut möglich ist.
- In Mission und Diakonie werden gerade auch ledige Menschen gesucht.
- Ich will mein ungewolltes Single-Sein als einen Weg von Gott annehmen.
- Ich will lernen, mein Single-Sein zu genießen.

2. Die neue Bewertung Ihrer Lebenssituation führt zu größerer Gelassenheit.

Ich kann gut verstehen, wenn Sie jetzt denken: Wenn der wüsste. Es ist schwer, von Gedanken, Zielen, Hoffnungen Abschied zu nehmen, die Sie jahrelang geprägt haben. Von vielen Menschen weiß ich aber auch, dass dieser Abschied und neue Perspektiven möglich sind. Wenn Sie sich so neu orientieren, werden Sie eine größere Gelassenheit finden und nicht mehr krampfhaft versuchen, einen Partner zu finden. Sicherlich werden Sie bei diesem Thema weiterhin Anfechtungen erleben. Doch wenn Sie dieses andere Denken einüben, dann finden Sie zu klaren und überschaubaren Perspektiven und Strategien für Ihr Leben – trotzdem oder gerade deshalb, weil Sie Single sind.

Info

Viele Christen denken, dass nur verheiratete Frauen etwas wert sind und unterstellen Singles Versagen oder Mitschuld an ihrem Stand. Diese wenig wertschätzende Haltung verkennt die Realität: Die Chance, dass eine gläubige Frau einen gläubigen Mann findet, liegt rein statistisch bei ca. 1:2 bis 1:3. Der Mangel an gläubigen Männern in christlichen Kreisen ist eklatant. Über Ursachen gibt es derzeit nur Vermutungen. Deshalb sollten Singles in christlichen Gemeinden als vollgültige Menschen akzeptiert und nicht verdächtigt werden.

Natürlich gibt es auch eine eher bedrohliche gesellschaftliche Entwicklung: den bewusst gewählten Single-Stand. Selbst dann, wenn zunehmend auch ältere Menschen allein leben müssen, nimmt die Zahl der Singles, die diese Lebensform aus Überzeugung gewählt haben, ständig zu. So umfasst der Anteil der Einpersonenhaushalte in den alten Bundesländern 1993 35%. Ca. zwei Drittel der Haushalte bestehen nur noch aus ein oder zwei Personen. Gerade noch in 37% aller Haushalte leben

Kinder. Knapp die Hälfte davon hat keine Geschwister. Seit 1970 ist die Zahl der Single-Haushalte um 10% gestiegen. Diese Entwicklungen werfen für die Zukunft des Generationenvertrages im Sozialsystem der Bundesrepublik erhebliche Probleme auf.

Ich kann nicht mehr – Burnout

Herr L., 43 Jahre alt, verheiratet, drei Kinder, Betriebswirt und verantwortlicher Leiter der Hauskreise seiner Gemeinde: „Ich kenne mich nicht mehr. Noch vor zwei Jahren hatte ich große Pläne, wie wir unsere Hauskreisarbeit aufstocken können. Wir dachten sogar an eine Gemeindeneugründung. Doch seit einiger Zeit lassen bei mir die Kräfte nach. Beim Bibellesen habe ich keine Freude mehr. War ich bisher vier bis fünf Abende mit großem Engagement in meiner Gemeinde, steht jetzt jeder Termin wie ein Berg vor mir. Nach unserer Hauskreisleitersitzung vergangene Woche überlege ich, ob ich nicht alles hinschmeißen soll. Da hat mir ein junger Mitarbeiter vorgeworfen, ich sei ziemlich unbeweglich in der Planung unserer Arbeit. Das war wie ein Schlag ins Gesicht. Immer wieder weine ich nachts. Auch meine Familie kann ich fast nicht mehr ertragen. Im Sommer soll ich eine neue Abteilung in der Firma übernehmen. Ich weiß nicht, ob ich zusagen soll. Mir fehlt der Elan von früher. Können Sie mir sagen, was mit mir los ist?"

Was Sie mir schreiben, klingt sehr stark nach Erschöpfung und Ausgebranntsein. Bitte gehen Sie vorsorglich zu Ihrem Hausarzt, um medizinische Gründe auszuschließen. Wenn sich jedoch dieses „Burnout", ein englischer Fachbegriff für solche Zustände, bestätigen sollte, dann können Sie einiges zur Verbesserung Ihres Zustandes tun.

1. In der Lebenskrise sollte man keine weitreichenden Entscheidungen treffen

Gott hat Sie in diese Verantwortung geführt. Deshalb dürfen Sie sie nicht einfach „hinschmeißen". Treffen Sie Entscheidung erst dann, wenn es Ihnen wieder gut geht.

2. Suchen Sie Stille und Ruhe

Ihr Leben braucht dringend eine neue Orientierung innerhalb der Lebensordnungen, die Gott für uns alle vorgesehen hat:

- Bergen Sie sich in Jesus Christus. Inmitten aller Anforderungen, Verpflichtungen und Nöte ist er gleichsam ein Schutzort, in den Sie sich zurückziehen können.
- Rätseln Sie nicht länger, wie es zu Ihrem Zustand kommen konnte. Alles Grübeln hilft jetzt nicht weiter. Schauen Sie nach vorne, auf den nächsten Schritt, das genügt.
- Halten Sie die von Gott vorgeschlagenen Ruhezeiten ein. „Du sollst den Sabbat heiligen!" Das bezieht sich nicht nur auf einen Tag, an dem man sich Zeit für Gott nehmen und ansonsten die Seele baumeln lassen soll. „Alles hat seine Zeit": Weinen hat seine Zeit, aber auch lachen; klagen hat seine Zeit, tanzen hat seine Zeit (vgl. Prediger 3,1-9).
- Körperliche Entspannung ist notwendig. Gedanken, Gefühle und körperliche Befindlichkeit hängen eng miteinander zusammen. Hier eignen sich Spaziergänge, leichtes Jogging, Schwimmen.
- Suchen Sie das vertrauliche Gespräch mit Freunden, eine Art „Kaminkreis". Dort können Sie über Freud und Leid berichten.
- Lesen Sie psychologische Literatur über Depressionen und Burnout. Dies hilft Ihnen, die Hintergründe Ihres Verhaltens besser zu verstehen.

3. Nehmen Sie Hilfe von außen an

Diese kann von „weisen" Menschen in Ihrer Gemeinde kommen, die nicht einfach sagen: „Arbeite weniger" – dies wissen Sie ja selbst –, sondern die sich Zeit für Sie nehmen, um Ihnen zuzuhören.

4. Schaffen Sie zeitliche Distanz zu Ihren Aufgabenfeldern

Nicht alle Berge müssen Sie gleich und sofort abarbeiten. Vieles hat auch Zeit, bis der „richtige" Zeitpunkt eintrifft.

Nehmen Sie sich auch den Freiraum, mit Menschen über Ihre Arbeit zu sprechen, die etwas weniger engagiert sind. Fragen Sie nach, wie diese Sie erleben. Schaffen Sie sich Distanz zu Ihren Aufgaben, indem Sie spielen. Ein Gesellschaftsspiel reißt Sie aus den Sorgen heraus und lässt Sie wesentlich entspannter wieder an die Aufgabe zurückkehren.

5. Begrenzen Sie Ihre Aufgaben

Müssen Sie sich wirklich vier bis fünf Abende in der Gemeinde einsetzen? Gäbe es nicht auch andere Mitarbeiter, die Sie entlasten könnten? Delegieren Sie! Geben Sie ab! Und wenn die bedrückenden Gedanken des Nachts kommen? Dann stellen Sie sich neben Ihr Bett einen Papierkorb. Schreiben Sie jeden belastenden Gedanken auf ein Stück Papier, zerknüllen es und werfen die Sorge dort hinein, d. h. gleichsam betend auf Jesus Christus. Jetzt liegt die Sache bei ihm und nicht mehr bei Ihnen.

Info

Das Wort „burnout" wurde 1974 in den USA (Freudenberger, Ginsburg) geprägt. Standen am Anfang zunächst der psychische und physische Abbau bei ehrenamtlichen Mitarbeitern im Mittelpunkt, wurde dieses Phänomen auch bei Menschen in vollzeitlichen Sozialberufen beobachtet. Nach ca. acht- bis zehnjähriger Arbeit werden von Betroffenen immer häufiger Klagen geäußert (M. Dieterich):

- Die Probleme steigern sich – täglich kommen neue hinzu.
- Die Last des Unaufgearbeiteten wird immer größer – Frustration macht sich breit.
- Früher war die Arbeit von Freude und Elan geprägt – heute wird sie zur Routinesache und Müdigkeit macht sich breit.
- Am Anfang stand die Hoffnung, manches zu bewegen – sie hat heute der Resignation Platz gemacht.

- Man dachte, dass sich die Menschen ändern – aber sie sind gleich geblieben.

Oftmals zeigt das Burnout-Syndrom Ähnlichkeiten mit einer beginnenden Depression. Der Erschöpfungszustand wird körperlich (z. B. Müdigkeit, Schlafstörungen), seelisch (Niedergeschlagenheit, Entmutigung), geistig (negative Einstellungen, Minderwertigkeiten) und geistlich (wenig Hoffnung, wenig Freude am Bibellesen) erlebt.

Wichtig: Was ausgebrannt ist, kann aber wieder neu entfacht werden. Biblische und therapeutische Seelsorge kann hier wichtige Hilfestellungen geben.

Sich „richtig" freuen

Herr G., 37 Jahre alt, berichtet: „Ich gehöre zu einer Frei-kirche. Eigentlich fühle ich mich dort wohl. Nur habe ich ein Problem mit der Fröhlichkeit der anderen. In unserem Gottes-dienst wird gesungen und Gott in vollen Zügen gelobt. Die Gemeinde freut sich und die Menschen haben eine gute Stimmung. Anders ist es dagegen unter der Woche, wenn ich sie irgendwo treffe. Ich finde das nicht ehrlich, wenn man im Gottesdienst vorgibt, fröhlich zu sein, aber das nicht durchhält. Wie wird Gott das erst sehen?
Ich selber tu mich sehr schwer, mich richtig zu freuen. Ständig denke ich: ‚Kann man sich wirklich freuen, wenn im eigenen Verhalten soviel nicht stimmt?'"

Zwei Dinge nehme ich in Ihren Zeilen wahr: (1) Sie empfinden einen deutlichen Widerspruch zwischen der Freude im Gottes-dienst und dem praktischen Handeln der Christen. Freude – so verstehe ich Sie – ist eigentlich erst dann wirklich möglich, wenn Glauben und Leben übereinstimmen. (2) Sie fragen danach, wie Gott diesen Widerspruch bewertet. Dabei sorgen Sie sich, ob diese menschliche Freude vor Gott Bestand haben kann.

1. Die Spannung zwischen Glaubensanspruch und Lebenspraxis bleibt immer

Kein Mensch ist perfekt. Das gilt auch für Christen. Gottes Anspruch an seine Nachfolger ist sehr hoch: „Darum sollt ihr vollkommen sein, wie euer Vater im Himmel vollkommen ist" (Mt 5,48). Wer schafft das schon? Auf der anderen Seite ist dies aber kein Freibrief nach dem Motto: Da es eh keiner schafft, ist es egal, wie ich lebe. Wer Jesus Christus kennt, wird sein Leben nach den hilfreichen Ordnungen und Regeln, die wir in der Bibel nachlesen können, gestalten wollen. Wenn es nicht gelingt, wenn man fällt, dann kann man wieder aufstehen, umkehren und neu anfangen. Freuen Sie sich: Wenn wir einst Jesus von Angesicht zu Angesicht sehen werden, ist diese Spannung definitiv vorbei!

2. Freude – weil Jesus Christus uns liebt

„Die Freude am Herrn ist eure Stärke" (Neh 8,10). Weil Gott die Israeliten so geliebt und wertgeschätzt hat, dass er ihnen seine Gebote anvertraute, sollen sie sich freuen. Man kann dieses Wort auch so verstehen: Gott freut sich über sein Volk. Gott freut sich über seine Nachfolger – weil er sie gewollt hat, weil es sie gibt, weil sie zu ihm gehören. Ist das nicht ein Grund zur Freude? Damals sollten die Israeliten ihrer Freude sogar leibhaftigen Ausdruck verleihen: „Geht hin und eßt fette Speisen und trinkt süße Getränke" (Neh 8,10).

3. Lassen Sie das Glas halb voll sein

Wenn Sie vor allem darauf sehen, was Ihnen selbst oder eben jenen Mitchristen im Verhalten fehlt, ist – im Bild gesprochen – das Glas halb leer. Oder geistlich gesprochen: Gottes Gebote und seine Heiligkeit sind so groß, dass wir ihm von uns aus nie genügen. Aber weil er am Kreuz alles getan hat, damit wir Christen sein können, sollen wir uns freuen und ihm dankbar sein. Selbst wenn wir uns über unser eigenes Verhalten ärgern und bekümmert sind, haben wir Grund genug, uns über die Liebe Gottes zu uns zu freuen. Das Glas ist mindestens halb voll!

Auf was wollen Sie mehr schauen? Ich möchte Sie herzlich einladen, Ihren Blick immer wieder neu auf Jesus Christus zu lenken. Da kommt Freude auf. Vermutlich haben Ihre Mitchristen genau an diesem Punkt den Grund für ihre Freude gefunden.

4. Mit freiem Rücken das Leben meistern

Eigentlich heißt es in diesem Wort in Neh 8: Die Freude am Herrn gibt Schutz, wie wenn man in einem Bunker oder einer Festungsanlage Schutz sucht. Wenn Sie lernen, sich über Gottes Liebe Ihnen gegenüber zu freuen, haben Sie den Rücken frei, einen Schutzort, von dem aus Sie gelassen an die Aufgaben Ihres Lebens herangehen können. Sie müssen sich nicht mehr sorgen, ob Ihr Verhalten Sie vor Gott bestehen lässt. Im Gegenteil: Weil Sie durch Jesus Christus vor Gott schon Bestand haben, können Sie sich in aller Freiheit Ihren Aufgaben in Treue und mit Hingabe widmen.

5. Lassen Sie sich von der Freude anderer anstecken

Die Freude der anderen ist nicht so sehr gefährlicher Stolz. Wahrscheinlich viel mehr Ausdruck der Gewissheit, dass Gott sie liebt. Lassen Sie sich doch darauf ein. Singen Sie mit, freuen Sie sich mit. Finden Sie Ihre Form, wie Sie Ihrer Freude an Gott Ausdruck verleihen können. Da sollten Sie sich von anderen auch keine Vorschriften machen lassen.

Info

Freude ist eine wichtige und starke Emotion des Menschen. Psychologisch gesehen entsteht Freude, wenn ein Mensch etwas sozial Nützliches getan, er es dabei aber nicht ausdrücklich auf Freude abgesehen hat, andere sich aber jetzt über dieses Verhalten freuen.

Freude kennt einige weitere Gefühle:
● Selbstvertrauen zu haben,
● etwas zu bedeuten,
● geliebt und wertgeschätzt zu werden,
● zufrieden mit sich selbst und der Welt zu sein.

Freude hat auch einen wichtigen sozialen Hintergrund:

- Durch gute Beziehungen zu anderen Menschen entsteht Freude (hier haben Christen einen großen Vorteil: Sie wissen sich von Gott geliebt),
- Freude an anderen Menschen führt auch zu Vertrauen in andere.

Wie die meisten Gefühle ist auch Freude ansteckend. Wer fröhlich ist, regt auch andere zur Freude an. Freude hängt auch von den Kognitionen ab, d. h. wie ein Mensch über sich, andere und eine bestimmte Situation denkt.

Alles hat seine Zeit, auch die Freude. Leben nur im Sonnenschein verhindert notwendige Veränderungen und ist nicht produktiv. Deshalb gehören zum Menschsein auch Kummer, Schmerz, Gram, Depression, Enttäuschung, Ärger usw. Sie veranlassen den Menschen, neue Wege zu finden und zu gehen.

Trauer um Thomas

„Nun sind es drei Monate her, seit wir unseren Thomas verloren haben. Und wenn ich dies so schreibe, merke ich, wie mir die Tränen kommen. Es gibt keinen Tag, an dem ich nicht weinen müsste. Ich hätte ihm das Eislaufen auf dem kleinen See nicht erlauben dürfen. Auch als guter Schwimmer hatte er keine Chance mehr, nachdem er eingebrochen war und unter das Eis geriet. Wie schrecklich musste dieses Ertrinken für ihn sein. Mein Mann und ich haben das Gefühl, dass wir völlig orientierungslos geworden sind. Unsere kleine Silke (sieben Jahre) versteht manchmal nicht, wenn wir im Wohnzimmer nur dasitzen und bitterlich weinen. Wie oft haben wir schon Gott um Hilfe gebeten. Wenn wir Nachbarn oder Leute aus unserer Gemeinde treffen, dann sind sie oft sprachlos. Wir kommen uns manchmal wie Ausgestoßene vor. Schlimm ist es, wenn ich zwei gleichaltrige Buben durch unsere Straße rennen sehe. Warum kann Thomas nicht mehr dabei sein?"

Darauf habe ich keine Antwort. Und auch mir verschlägt es die Sprache, wenn ich mir Ihre Trauer klarmache. Am liebsten würde ich mit Ihnen weinen. Wenn ich die folgenden knappen Zeilen an Sie richte, dann deshalb, weil ich weiß, dass diese Hinweise anderen Betroffenen schon geholfen haben.

1. Sie trauern – haben Sie Geduld mit sich

Mancher Tag ist für Sie wie eine Qual. Sie schleppen sich von einer Aufgabe zur andern. Alles fällt Ihnen sehr schwer. Und nach Feierabend liegt eine zentnerschwere Last auf Ihnen. Mitten im Alltag kann Sie die Trauer um Thomas treffen. Am liebsten würden Sie dann alles stehen und liegen lassen. Aber Sie müssen funktionieren – und das kostet so viel Kraft.

2. Klagen Sie alles Gott

Mir ist bewusst, dass Ihnen auch das Beten schwer fällt. Dennoch möchte ich Ihnen Mut machen, alles, was Sie in Ihrem Herzen erleben, im Gebet Ihrem Herrn zu klagen. Er kennt Ihre Lage und weiß um Ihre Not. Warum er Ihnen diesen schweren Weg zumutet, weiß ich nicht. Bergen Sie sich in ihn, fliehen Sie zu ihm, gerade dann, wenn Sie der Verzweiflung nahe sind.

Dies gilt ganz besonders auch für die Schuld, die Sie an Thomas' Tod empfinden. Suchen Sie die Möglichkeit der Beichte. Dort können Sie alles aussprechen. Ab diesem Tag dürfen Sie dann wissen, dass Ihre Beziehung mit Gott geklärt ist. Sollten dann dennoch weiterhin Schuldgefühle auftreten, können Sie bewusst dagegen angehen. „Was vor Gott geklärt ist, darf mich heute nicht mehr kümmern." „Auch andere Eltern haben damals das Eislaufen auf dem See erlaubt. Wir haben normal gehandelt."

3. Suchen Sie das Gespräch mit verständnisvollen Menschen

Dies kann eine Gruppe von ähnlich betroffenen Vätern und Müttern sein. Gute Freunde aus der Gemeinde. Sie brauchen diese Hilfe. Es ist gut zu sehen, wie andere einen solchen schweren Weg bewältigen konnten.

4. Verlieren Sie den Kontakt zu Ihrer Gemeinde nicht

Auch wenn viele dieser Menschen hilflos sind – es ist für Sie wichtig, dass Sie Ihre Freizeit nicht nur daheim verbringen, sondern „unter die Leute kommen". Unternehmen Sie Ausflüge, Schwimmbadbesuche oder gehen Sie ins Theater. Solche „Ablenkungen" sind keine Flucht vor der Trauer, sondern notwendige Schritte auf dem Weg, diese schwere Zeit zu überwinden.

5. „Planen" Sie zunehmend die Zeiten der Trauer

Zu der Aufgabe, an der Sie stehen, gehört auch, dass Sie zunehmend die Trauer um Thomas kontrollieren. So dürfen Sie sich vornehmen, zu bestimmten Tageszeiten an bestimmten Wochentagen zu trauern und zu anderen Zeiten eher nicht. So werden Sie immer mehr den Weg aus diesem schweren Tal finden können (vgl. Ps 30,12f.).

Info

Wie kann man „verwaisten" Eltern beistehen?

- Nicht aus Angst vor der eigenen Hilflosigkeit die Eltern meiden. Vielmehr: Angehörige und Freunde sollten aufrichtige Anteilnahme ausdrücken und ehrlich zeigen, dass man selbst hilflos ist und keine tröstende Worte findet.
- Nicht das Gesprächsthema wechseln, wenn Eltern über den Tod ihres Kindes sprechen. Vielmehr: da sein, zuhören, immer und immer wieder zuhören. Hilfen im Haushalt und Alltag anbieten, aber sich nicht aufdrängen.
- Nicht sagen: „Ich weiß, wie du dich fühlst." Den Schmerz nachempfinden kann allenfalls jemand, der selbst vom Tod eines Kindes betroffen war. Vielmehr: „Es tut mir Leid, was mit eurem Kind geschehen ist, und der Schmerz eurer Trauer, den ihr jetzt erleidet."
- Nicht den Namen des Kindes vermeiden. Vielmehr: Wenn man mit den Eltern über die Trauer redet, ruhig das verstorbene Kind beim Namen nennen.
- Den Eltern nicht vorschreiben, wie sie trauern müssten. Vielmehr: Den Eltern erlauben, so viel Traurigkeit auszudrücken, wie sie gegenwärtig empfinden und teilen möchten.

Mobbing

Ein 54-jähriger Mann schreibt: „Vor zwei Jahren feierte ich mein 25. Betriebsjubiläum. Sogar ein Verantwortlicher der Betriebsleitung kam in die Werkstatt. Ich bekam viel Anerkennung. Doch dann hat sich das Blatt gewendet. Heute habe ich das Gefühl, dass man mich nicht mehr haben will. Ein jüngerer Kollege schwärzt mich an, wenn ich einen Fehler gemacht habe. Dies macht mich noch nervöser, sodass gelegentlich tatsächlich ein teures Werkstück beschädigt wird. In den Pausen witzeln die Kollegen über ,Ausfälle' im Alter und beziehen dies indirekt auf mich. Seit einem halben Jahr habe ich starke Schlafprobleme. Am liebsten würde ich kündigen. Aber wir haben noch Schulden auf unserem Haus und zwei Kinder studieren. Ich brauche die restlichen Berufsjahre. Eine neue Tätigkeit würde ich nicht mehr finden. Was kann ich machen?"

Ihre Situation ist nicht einfach. Unter zunehmendem Druck entstehen vermehrt Fehler, die Ihnen sonst nicht passieren würden. Sie scheinen einer Form von „Mobbing" ausgesetzt zu sein.

1. Arbeiten Sie an der Situation

Haben Sie schon versucht, in offenen Gesprächen Ihren Kollegen und den Vorgesetzten mitzuteilen, wie es Ihnen derzeit geht? Wenn Sie kein Verständnis finden, sollten Sie aber jede Eskalation vermeiden. Es ist hilfreich, wenn Sie dieses Gespräch vorher mit jemandem üben. Dies gibt Ihnen Sicherheit. Pflegen Sie trotz allem weiterhin den Kontakt zu denen, die Ihnen offen gegenüberstehen.
Viele Kollegen vom Betriebsrat wissen inzwischen, was Mobbing ist, und kennen diese Schikanen, um jemanden

loszuwerden. Es ist denkbar, dass sich durch ein vermittelndes Gespräch Ihre Situation etwas entspannt. Wäre auch ein innerbetrieblicher Stellenwechsel möglich?

2. Schöpfen Sie bewusst neue Kräfte

- Als Christ haben Sie die einmalige Chance, Ihre ganze Enttäuschung, Sorgen und Wut mit Jesus Christus durchzusprechen. Selbst dann, wenn er Ihnen die gegenwärtige Last nicht nimmt, will er Ihnen dennoch Tragkraft und Geduld schenken.

- Je mehr Druck Sie im Betrieb erleben, desto konsequenter sollten Sie in Ihrer Freizeit für den nötigen Ausgleich sorgen. Spazieren gehen, Musik hören, Besuche machen u. a. Finden Sie heraus, was Ihnen Freude bereitet, und planen Sie möglichst jede Woche ein schönes Ereignis.

- Teilen Sie das Jahr in Höhepunkte auf, auf die Sie sich freuen können. Mit dem Familienkreis ein Wochenende verbringen. Einen ausgiebigen Verwandtenbesuch. Leben Sie auf diese Begegnungen bewusst zu.

- Suchen Sie während der Arbeit nach entspannenden Gelegenheiten. Verbringen Sie die Pausen mit solchen Kollegen, die Sie mögen. Vermeiden Sie Situationen, in denen Sie jene Kritiker provozieren oder zum Streit einladen wollen.

- Nehmen Sie zur Arbeit ein Bibelwort mit, das Sie tröstet und aufbaut. Schreiben Sie es auf eine kleine Karte. Immer dann, wenn Sie den Widerstand spüren, können Sie die Karte in einem stillen Augenblick herausnehmen und sich dieses Wort Gottes zusprechen.

- Stoppen Sie Gedankengänge ab, die Sie nach unten ziehen. Gestatten Sie es jenen Mitarbeitern nicht, Ihre Gedanken auch noch in der Freizeit zu bestimmen. Erlauben Sie es sich selbst nicht, pauschal zu denken, dass man Sie nicht mehr haben will. Bleiben Sie realistisch: Einzelne Kollegen mögen mich nicht, andere aber akzeptieren mich.

- Suchen Sie sich einen Mitbruder, mit dem Sie sich einmal pro Woche zu einem offenen Austausch und zum gemeinsamen Gebet treffen können.
- Schließlich können Sie versuchen, gezielt den Vorruhestand anzustreben, sofern dies in Ihrem Betrieb möglich ist.

Seien Sie trotz allem gewiss, dass Jesus Sie und Ihre Familie begleiten und durchtragen wird.

Info

Unter Mobbing versteht man eine konfliktbelastete Kommunikation am Arbeitsplatz unter Kollegen oder zwischen Vorgesetzten und Untergebenen. Die angegriffene Person ist dabei unterlegen. Die Angriffe werden von einer oder mehreren Personen regelmäßig, über eine längere Zeit und mit dem Ziel gestartet, einen Menschen aus dem Arbeitsverhältnis zu drängen. Es ist sehr schwer, eine solche Diskriminierung juristisch zu belegen. Die gesundheitlichen Folgen und Ausfallzeiten der Mitarbeiter verursachen enorme finanzielle Belastungen für die Firmen und die öffentlichen Kassen. Für die Bundesrepublik geht man von 300.000 bis 1 Million Mobbingopfern aus. Neben unzureichenden Kommunikationsstilen in den Abteilungen wurde als Ursache u. a. auch der Wunsch beobachtet, unkündbare oder auch kritische Mitarbeiter außerhalb des Arbeitsrechtes dadurch „loszuwerden". Immer noch verschließen sich viele Betriebe diesen Problemen. Auf der Ebene der Betriebsräte werden Fortbildungen angeboten, durch die Mobbing bewusst gemacht und entsprechende Hilfe angeboten werden soll.

Langeweile

Frau D., 46 Jahre alt, verheiratet, zwei Kinder, erlebt seelische Not: „Alles scheint bei uns gut zu laufen. Unsere beiden Söhne (21 und 19 Jahre alt) haben ihre Ausbildungen erfolgreich abgeschlossen, mein Mann hat eine sichere, aber stressige Lebensstelle in der Verwaltung, finanziell kommen wir über die Runden, mir selbst geht es gesundheitlich ganz ordentlich. Dann gibt es aber die andere Seite. Ich habe keine Ziele mehr. Unsere Ehe ist so leer. Vieles ist Alltag, Routine. Selbst unsere Intimbeziehung erlebe ich fade. Gleichgültigkeit macht sich breit. Der Haushalt fordert mich nicht mehr heraus. Die wenigen Aufgaben in der Gemeinde erfüllen mich kaum noch. Wenn alle aus dem Haus sind, sitze ich in der Küche und merke oft erst nach einer geraumen Zeit, dass ich zum Fenster hinausschaue und meine Blicke ziellos umherwandern. Ich fühle mich dabei nicht unbedingt depressiv, aber freudlos, unwohl, einfach frustriert. Wie kann mein trister Alltag wieder Farbe gewinnen?"

Wenn ich mir Ihre Situation vor Augen stelle, fällt mir ein Wort ein: Langeweile. Dazu erleben Sie eine Spannung in sich: Einerseits „läuft" alles glatt, andererseits können Sie sich nicht mehr daran freuen. Dieses Gefühl der Müdigkeit und Leere verbreitet sich in Ihrem ganzen Leben und raubt Ihnen die notwendigen Ziele und Perspektiven.

1. Gewinnen Sie die Initiative zurück

Schwere und frustrierende Stunden kommen in der Regel von allein. Schöne und erfüllte Zeiten muss man planen. Vielleicht überrascht Sie diese Einsicht. Dennoch haben Sie es ein ganzes Stück selbst in der Hand, wie Sie an den morgigen Tag denken, was Sie erwarten, auf was Sie zusteuern wollen.

Gerade dann, wenn sich morgens die Türe schließt und der Letzte das Haus verlassen hat, entscheiden Sie, wie Sie über sich, diesen Tag, über Ihre Ehe, Ihre Arbeit usw. nachsinnen. Fangen Sie Ihren ziellos umherirrenden Blick wie mit einem Lasso ein und lenken Sie ihn auf das, was Sie sich vornehmen wollen.

2. Sie brauchen eine neue Aufgabe

Wenn Sie in meiner Gemeinde wären und ich von Ihrer Situation wüsste, könnte ich mit Ihnen Pläne entwickeln: Wie wäre es mit einem Engagement in der Nachbarschaftshilfe? Die Hingabe an andere Menschen schafft Lebenssinn. Vielleicht sucht eine stark belastete junge Mutter mit drei kleinen Kindern in Ihrer Gemeinde dringend stundenweise Unterstützung. Oder wie wäre es mit einer Nebentätigkeit in einem Altenheim an Ihrem Ort? Vielleicht kennt Ihr Mann eine befristete Aushilfsstelle in seiner Verwaltung?

3. Sprechen Sie mit Ihrem Mann

Kann es sein, dass Ihr Mann von Ihrer Langeweile noch gar nichts weiß? Geht er seiner Arbeit nach, fühlt sich eigentlich wohl, ist insgesamt zufrieden und ahnt nicht, wie es Ihnen derzeit geht? Dann wäre es höchste Zeit, dass Sie mit ihm offen über Ihre Gefühle sprechen. Sie wissen nicht, wie Sie dies beginnen können? Dann schreiben Sie ihm doch einfach einen Brief. Darin können Sie ihn gleichzeitig zu einem gemeinsamen Abendessen einladen oder ihm Blumen schenken. Dies alles wird ihn überraschen und ihn aufmerken lassen. Kalkulieren Sie ein, dass er unter Umständen zuerst etwas irritiert reagiert. Aber über solche äußeren Zeichen können gemeinsame Gespräche mit Ihrem Mann womöglich leichter angestoßen werden.

4. Unternehmen Sie etwas gemeinsam

Erschließen Sie sich zusammen mit Ihrem Mann neue Dinge:

Konzertbesuche, ein gemeinsames Wochenende zum Weekend-Tarif in einem noblen Hotel (kann recht preiswert sein), eine Woche allein zu zweit (hier können wir Ihnen gern eine entsprechende Kurzanleitung zukommen lassen). Aus solchen gemeinsamen Unternehmungen erwachsen gemeinsame Erfahrungen und Erlebnisse. Diese schaffen neue Anlässe zum Austausch und regen Ihre Beziehung an.

5. Suchen Sie sich ein neues Leitwort aus der Bibel

Ihren Zeilen entnehme ich, dass Sie sich als Christin verstehen. Fliehen Sie in diesen Stunden der Langeweile zu Jesus Christus. Nehmen Sie Ihre Bibel zur Hand und lesen Sie betend z. B. das Johannesevangelium oder in den Johannesbriefen. Sie können sich fest darauf verlassen, dass Ihnen der Geist Gottes das eine oder andere Wort ganz neu aufs Herz legt. Es wird Ihnen neue Orientierung geben. Ich bin gewiss, so wird es nicht lange dauern, bis wieder Farbe in Ihr Leben kommt.

Info

Langeweile ist ein Gefühl von Leere, Müdigkeit, Ziellosigkeit, Gleichgültigkeit und stellt sich dann ein, wenn die Anforderungen sehr gering erscheinen. Aktuelle Situationen werden als uninteressant angesehen und der eigene Zustand als unbefriedigend und unausgeglichen erlebt. Selten führt es zu einer Grundhaltung völliger Interesselosigkeit, zum Ekel vor dem Leben oder gar zu depressiver Sinn- und Hoffnungslosigkeit. Langeweile ist nicht nur eine typische Freizeiterscheinung, sondern kann auch in verschiedenen Alltagssituationen erlebt werden (Arbeitswelt, Ehe, Schule).

Man unterscheidet gegenständliche Langeweile („mich langweilt etwas") von Langeweile als einem Zustand („ich langweile mich"). Wer sich seiner gegenständlichen Langeweile bewusst wird, kann dies als Signal deuten, dass ihm bestimmte Tätigkeiten oder Dinge nichts mehr bedeuten und er kreativ neue Aufgaben in den Blick nehmen sollte. Auch bei der Langeweile als Zustand ist es nötig, sich neue Aufgaben und Interessen bewusst zu erschließen. Beide Male zeigt sich, dass seelsorgerliche Gespräche (insbesondere auch in Seelsorgegruppen) neue und hilfreiche Perspektiven eröffnen können.

Wir sind schuldig

„‚Warum habt ihr mich nicht ernst genommen? Meine Liebe zu Gerd hättet ihr nicht verhindern sollen!' Dieser Satz im Abschiedsbrief unserer geliebten Sonja lässt mich nicht mehr los. Als sie vor drei Jahren Selbstmord beging, brach für uns eine Welt zusammen. Zwei Tage zuvor hatten wir noch ihren 18. Geburtstag gefeiert. Alles schien in Ordnung zu sein. Sicher, wir waren strikt gegen die Freundschaft mit Gerd. Er war gerade mal 19 Jahre und kein Christ. Wir glaubten, diese Beziehung unbedingt verbieten zu sollen. Aber wir haben nicht geahnt, dass Sonja dies so schwer trifft. Wir sind an ihrem Tod schuldig. Wir wollten nicht, dass sie in ihr Unglück rennt! Und dann nimmt sie sich das Leben. Mein Mann und ich sind gebrochene Leute. Für unsere Freunde in der Gemeinde ist die Sache längst vergessen. Keiner sieht, wie es uns innerlich geht. Auch in unserer Beziehung zu Gott haben wir einen tiefen Einbruch erlebt. Wie sollen wir weiterleben?"

Wenn ich mich in Ihre Situation hineinversetze, fällt es schwer, Worte zu finden. Anklagen, Schuldvorwürfe und eine tiefe Verunsicherung sprechen aus Ihren Zeilen. Am liebsten würde ich mit Ihnen sprechen. Aber Sie bitten mich um eine schriftliche Antwort. So will ich es wagen.

1. Das geknickte Rohr wird er nicht zerbrechen!
Sie erleben sich als gebrochene Menschen. Die Hoffnungen, welche Sie als Ehepaar und dann besonders mit Ihrer Sonja verbunden haben, sind jäh zerstört worden. Der Tod Ihrer Tochter liegt wie ein Makel auf Ihnen. Ein Neuanfang ist unmöglich. Sonja lebt nicht mehr.
Wenn es neue Wege gibt, dann nur von Gott her. Ein ganzes Volk, die Israeliten, kam im Verlauf seiner Geschichte mit

Gott mehrfach an den Punkt, an dem es keine Hoffnung mehr gegeben hat. Schuldhaftes Verhalten der Verantwortlichen stürzte unschuldige Menschen in unsagbares Leid. Tod von Angehörigen, Verschleppung in ein fremdes Land. War Gott nicht stark genug, diesen Untergang seines Volkes aufzuhalten?

Verstoßen, verlassen von Gott. So fühlten sich die Menschen damals. Und mitten in diese Situation bricht Gottes lebendiges Wort: „Das geknickte Rohr wird er nicht zerbrechen, und den glimmenden Docht wird er nicht auslöschen" (Jes 42,3). Es hat Jahre gedauert, bis das Volk Gottes dies wieder glauben und innerlich fassen konnte. Ich bin mir gewiss, dass diese Stunde auch für Sie wieder kommt. Auch wenn es jetzt fast unmöglich scheint, dies zu glauben.

2. Er vergibt die Schuld!

Wer Kinder erzieht, kommt ohne Fehler nicht durch. Eltern machen sich an ihren Kindern schuldig und Kinder an ihren Eltern. Christen haben hier eine besonderen Chance. Sie kennen die Vergebung durch Gott und können einander dadurch leichter vergeben. Sie haben die Vergebung durch Gott für sich schon in Anspruch genommen. Aber jetzt stehen Sie vor der Aufgabe, sich auch selbst zu vergeben. Es wird weiterhin alles sehr schwer sein, wenn Sie sich selber gegenüber weniger barmherzig sind, als dies Jesus Christus zu Ihnen ist.

3. Eine neue Perspektive

Ihre Gedanken und Bilder kreisen sehr häufig um Sonja und um das Leid, das in Ihre Familien eingebrochen ist. Wann schauen Sie nach vorn? Auf die Wegstrecke, die vor Ihnen liegt? Haben Sie Aufgaben, die Sie vielleicht ganz neu zu Hause oder in der Gemeinde anpacken könnten? Bestimmen Sie feste Zeiten, in denen Sie den Gedanken an Sonja Raum geben wollen. Und lenken Sie in den anderen Stunden Ihre

Gedanken bewusst auf Christus (vgl. 2. Kor 10,5) und auf den Dienst, der Ihnen im Beruf und in der Gemeinde aufgetragen ist.

Info

Der Verlust eines nahen Angehörigen wiegt schwer. Der von Kindern sehr schwer. Und der Selbstmord eines Kindes kann zu massiven Selbstvorwürfen und Schuldgefühlen seitens der Angehörigen führen. Die Biografie betroffener Eltern kann sich durch einen solchen „Schicksalsschlag" nachhaltig verändern. Freunde oder Verwandte solcher Familien sind zu Einfühlsamkeit und Geduld herausgefordert. Sie sollten die Betroffenen nicht meiden oder ausgrenzen. Nicht das Gesprächsthema wechseln, wenn Eltern über den Tod ihres Kindes sprechen. Nicht sagen: „Ich weiß, wie du dich fühlst." Auch nicht versuchen, etwas Positives am Tod ihres Kindes zu finden. Vielmehr: „Es tut mir Leid, was mit eurem Kind geschehen ist, und der Schmerz, den ihr jetzt erleidet." Nicht auf die anderen Kinder verweisen oder sagen, dass die Eltern ja noch weitere Kinder bekommen können. Kinder sind nicht austauschbar und die Eltern empfinden den Verlust unabhängig von der Kinderzahl gleich schmerzhaft.

Reif für die Insel

„Darf ich uns vorstellen? Mein Mann ist 35 Jahre alt und Elektrotechniker, ich selber 33 Jahre alt und gelernte Krankenschwester, bevor Marina (10), Timmy (8) und Jens (5) geboren wurden. Unser Familienleben klappt meist ganz gut. Wir sind in einer lebendigen Gemeinde beheimatet. Nun steht unser Urlaub bevor. Und, ehrlich gesagt, davor ist mir ziemlich bange. Allein die Abreise ist oft ein einziges Chaos. Meist gehen wir aus finanziellen Gründen in ein preiswertes Ferienhäuschen an der Ostsee. Die Stimmung im Urlaub ist oft über Tage gereizt. Jeder will etwas anderes. Haben Sie einige Tips für uns?"

Gern gebe ich Ihnen Hinweise und hoffe, dass sie Ihnen ein wenig weiter helfen.

1. Planen Sie den gebuchten Urlaub konkret durch
Warum? Urlaub bedeutet zunächst für alle Beteiligten ein Höchstmaß an Stress. Die Packerei und der Klimawechsel u. a. sind „zu verdauen". Deshalb sollten Sie die unterschiedlichen Bedürfnisse aussprechen und Ziele verabreden. Enttäuschte Erwartungen wirken sich auf die ganze Familie sehr belastend aus. Wenn drei Stunden vor der Abreise noch „tausend" Sachen erledigt werden müssen, sollten Sie „Grundsatzdiskussionen" jedoch auf jeden Fall vermeiden! Sprechen Sie lieber bereits zwei bis drei Wochen vor dem Urlaub über folgende Fragen:
● *Was erwarte ich vom Urlaub?*
Jeder stellt sich den Urlaub schon konkret vor. „Endlich Zeit zum Reden." Da mögen Sie sich diese Stunden wünschen, wie Sie wollen. Ihr Mann bekommt dies vielleicht gar nicht mit und trifft sich jeden Nachmittag mit einem Ferienhausnach-

barn zum Bocciaspielen. Oder Ihr Mann hofft auf mehr Zärtlichkeit und Intimität und prompt haben Sie Ihre Tage.

- *Was erwarten unsere Kinder?*

Der Eisstand vor dem Museum hat eine größere Bedeutung als die vielen Bilder großer Meister. Und der kleine Wurm, der Schutz vor der heißen Sonne in der feuchten Erde sucht, ist viel wichtiger, als pünktlich zum Abendessen zu kommen. Bei allen notwendigen Grenzen, die Kinder auch im Urlaub brauchen, schätzen sie es, wenn Sie ihnen Freiräume zum phantasievollen Spiel oder zur Entdeckung von Gottes wunderbarer Schöpfung geben.

- *Auch die Eltern brauchen Freiraum.*

Die Bedürfnisse von Nähe oder Distanz können sehr verschieden sein. Deshalb ist es wichtig, sich gegenseitig Zeiten einzuräumen, in denen jeder auch für sich etwas unternehmen kann – und sei es einfach einmal einen ganzen Nachmittag lang alleine spazieren zu gehen oder eine Busfahrt zu unternehmen.

2. Problembereich: die ersten drei Tage

Hier ist Akklimatisieren „dran" und keine großen Aktivitäten. Sogenannte Übergangszeiten sind sensible Zeiten und machen den Menschen für Konflikte anfälliger. Nach Monaten großer beruflicher oder privater Anspannung kann man in ein emotionales Loch fallen. Schlafen Sie die erste Zeit viel und hängen Sie einfach mal durch. Vermeiden Sie Streit. Lassen Sie Ihre Kinder am Strand spielen und kaufen Sie ihnen ein neues Gesellschaftsspiel, mit dem sie sich auch allein beschäftigen können.

3. Urlaub – mit Gottes Wort!

- Entdecken Sie Gottes Spuren in seiner wunderbaren Schöpfung. Tun Sie es ruhig mit allen Sinnen (die Vögel hören, die Abend- oder Morgenstimmungen am Himmel beobachten und aufnehmen usw.). Leiten Sie auch Ihre

Kinder an, einfach zu staunen, was und wie Gott die Welt gemacht hat.

- Nehmen Sie sich Zeit für Gottes schriftliches Wort. Aber wichtig ist, dass Sie sich nicht unter Leistungsdruck bringen. Nehmen Sie nur einen Gedanken in den Urlaubstag hinein, den Sie immer wieder bedenken können.
- Ziehen Sie betend ein wenig Bilanz: Was haben wir in diesem Jahr bisher getan? Was wollen wir ändern?

Info

Weltweit sind jährlich 500 Millionen Urlauber unterwegs. Dabei geben sie 250 Mrd. Mark aus. Auch in Deutschland werden ca. 13 Prozent des frei verfügbaren Einkommens für Urlaubsaktivitäten bereitgehalten. Als eine der größten Wirtschaftsbranchen bietet der Tourismus weltweit ca. 100 Mio. Menschen Arbeitsplätze.

Urlaub ist die Gewährung von grundsätzlich bezahlter Freizeit während eines Arbeits- oder sonstigen Dienstverhältnisses und wird einheitlich durch das Bundesurlaubsgesetz geregelt.

Urlaub kann man als eine von Gott geschenkte Zeit begreifen. Schon im Wochenrhythmus lädt Gott zur Heiligung des Sabbats ein (vgl. 2. Mose 20,8). Wer glaubt, dauerhaft ohne Ruhezeiten auch im Jahresrhythmus auszukommen, täuscht sich. Festzeiten im Wechsel zur Arbeit waren im alten Israel sinnvoll geregelt. Unsere heutige Gesellschaft findet kaum mehr zum notwendigen Ausgleich. Nach dem beruflichen Stress muten sich viele Menschen auch ungesunden Freizeitstress zu. Daher ist es wichtig, die kostbare Urlaubszeit sinnvoll zu planen.

Grundsatzfrage:
Wer gibt dem Leben Sinn?

In Lebenskrisen bricht die Sinnfrage auf

Menschen, die von schweren Lebenskrisen betroffen sind (Arbeitslosigkeit, gefährliche Krankheit, Scheidung, Zerbruch bisheriger Werte und Normen), ziehen Bilanz und fragen überdurchschnittlich häufig nach dem Sinn ihres Lebens. Funktioniert der Alltag, ist diese Frage weniger aktuell. Die täglichen kleinen Ziele (z. B. Bewältigung der Arbeit, Planung des nächsten Wochenendes) und die kleinen Erfolge (Tagespensum nach Plan geschafft) vermitteln Sinn. Doch in der Krise geht es um den Lebenssinn schlechthin, um letzte Fragen der Existenz. Dies hängt damit zusammen, dass Menschen die einzigen Wesen auf dieser Erde sind, die Sinn und Hoffnung zum Leben brauchen, wie den Sauerstoff fürs Atmen. Leben ohne Sinn ist auf Dauer tödlich.

Sinnfragen haben eine religiöse Dimension

Fragen nach dem Lebenssinn entsprechen häufig religiösen Bedürfnissen. Auch diese gehören zur anthropologischen Grundausstattung des Menschen. Dabei zeigen sich religiöse Gefühle sehr verschieden. Man braucht nicht immer einen Tempel oder eine Kirche. Für viele wird der Konsum (Anerkennung durch Statussymbole wie Auto, bestimmte Markenkleidung) oder die Macht über Geld und Besitz zum Götzen, der ihnen Lebenssinn spendet. Dafür arbeiten, leben und sterben Menschen. Die Probleme, die sich bei Menschen aus Fragen der religiösen Gefühle und des Lebenssinns ergeben können, hatte auch schon der bekannte Schweizer Arzt und Begründer der analytischen Psychologie, C. G. Jung, im Blick. Vor Pfarrern sagte er bereits 1932: „Unter allen meinen Patienten jenseits der Lebensmitte, das heißt jenseits 35, ist nicht ein einziger, dessen endgültiges Problem nicht das der religiösen Einstellung wäre. Ja, jeder krankt in letzter Linie daran, dass er das verloren hat, was lebendige Religionen ihren Gläubigen zu allen Zeiten gegeben haben, und keiner ist wirklich geheilt, der seine religiöse Einstellung nicht wieder erreicht, was mit Konfession oder Zugehörigkeit zu einer Kirche natürlich nichts zu tun hat." Er beklagt vor dem Hintergrund dieser religiösen Defizite die Not, dass der Seelenarzt zunehmend in eine priesterliche Rolle gedrängt wird. „Einige dachten vielleicht, ich wüsste einen Zauberspruch, aber ich musste sie bald (...) dahin aufklären, dass auch ich keine Antwort weiß" (1932, 182). Nachdem die christlichen Kirchen zunehmend ihre sinnvermittelnde Kraft verspielen, hören Menschen gern auf dubiose Sinnstifter pseudoreligiöser, esoterischer oder therapeutischer Provenienz. Wer mitten in den bestehenden gesellschaftlichen Krisen Glück und schnelles Geld verspricht, findet Zuhörer und Gläubige. Wem das Wasser bis zum Hals steht, der greift auch nach dem Strohhalm. Ein lukratives Geschäft – gerade auch für viele Scharlatane.

Über 700 Therapieschulen wollen Menschen in Lebenskrisen helfen

In ganz unterschiedlicher Weise gewichten die verschiedenen psychotherapeutischen Schulen und Ansätze die Sinnfrage. Insgesamt zählt man gegenwärtig rund 700 Analyse- und Therapieformen. Darunter finden sich nur ca. 100 Schulen, die als relativ seriös eingestuft werden können. Doch Psychotherapie ist nicht gleich Psychotherapie. Selbst bei den „seriösen" Schulen zeigt sich ein deutliches Gefälle, wie dies der Schweizer Psychotherapieforscher Klaus Grawe 1994 nachgewiesen hat. In seinem über elf Jahre andauernden Forschungsprojekt zur Bewertung psychotherapeutischer Schulen wurde deutlich, dass für viele oft sehr renommierte

Therapieverfahren keine oder nur unzureichende Wirksamkeitsnachweise vorliegen. Aber dies hindert viele Menschen und Therapeuten nicht, dort trotzdem Hilfe und Glück zu suchen.

Diese niederschmetternde Erkenntnis gilt für die Therapie nach dem oben erwähnten C. G. Jung, für das neurolinguistische Programmieren (NLP), für die Primärtherapie nach Janov usw. Andere Verfahren, wie z. B. die bioenergetische Therapie, Daseinsanalyse, katathymes Bilderleben, Individualtherapie nach Adler, Musiktherapie, Tanz- und Kunsttherapie zeigen wenig wissenschaftliche Seriosität hinsichtlich ihrer Wirksamkeit. Es gibt Hinweise, dass bei dieser Prüfung einige Schulen wie z. B. die Transaktionsanalyse durchfallen werden. Gestalttherapie und die systemorientierten Familientherapien haben Chancen, ihre Wirksamkeit bestätigen zu können. Im direkten Vergleich sind nur drei Gruppen von Verfahren wirksam: Mit weitem Abstand vorn liegen die kognitiv-behavioralen Verfahren. Dann folgen die Gesprächspsychotherapie und schließlich Kurzformen der psychoanalytischen Therapien (30 bis max. 100 Sitzungen). Wenn man vor diesem Hintergrund bedenkt, dass allein in der Schweiz 98% der Ärzte und 72% der Psychologen mit tiefenpsychologischen Verfahren (z. B. bis zu 200 oder 300 Beratungsstunden pro Person) arbeiten, ist dies ökonomisch höchst ineffektiv und entspringt eher den persönlichen Interessen und Vorlieben der Therapeuten.

Wer durch Psychotherapie Hilfe und Lebenssinn sucht, muss sehr aufpassen, dass er nicht an unseriöse Heiler und Sinngeber gerät. Und die bekannten Therapieformen können nur im methodenvielfältigen Verbund mit anderen Verfahren hinreichend Hilfestellung geben. So hat zwar die Individualpsychologie nach Alfred Adler ihre Stärke in der Diagnostik der Grundstrebungen des Menschen und seiner Lebensziele. Gilt es aber, neue Lebensziele zu finden oder aber vorhandene zu modifizieren, müssen u. a. verhaltenstherapeutische, insbesondere kognitiv-verhaltenstherapeutische Maßnahmen zum Zuge kommen.

Vier psychologische Grundlagen für den Lebenssinn

Es gibt inzwischen einige sozialpsychologische Untersuchungen zum Thema „Sinn-Konstruktion". Denn unter empirisch-psychologischem Blickwinkel handelt es sich bei religiösen Bedürfnissen und Sinnfragen um so genannte „hypothetische Konstrukte". Erst hermeneutische Systeme wie Theologie, Philosophie, Esoterik, aber auch Tiefenpsychologien, die einen ebensolchen hermeneutischen Anspruch haben, deuten und bewerten solche hypothetischen Konstrukte ideologisch, religiös oder weltanschaulich. Dies ist empirischer Psychologie fremd. Sie will nicht deuten, sondern sie versucht zu beschreiben, was beobachtbar ist.

Dies tut u. a. auch der Sozialpsychologe Roy Baumeister (1992). Er konnte vier Bedürfnisse aufzeigen, die das psychologische Gerüst der Sinn-Konstruktion des Menschen darstellen. Interessant ist, dass dabei einige Aspekte mit psychotherapeutischer Diagnostik im Sinne Alfred Adlers oder Viktor Frankls vergleichbar sind.

1. Sinnvolles Leben braucht Ziele

Menschen wollen entsprechend ihrer Ziele etwas erreichen, bewirken oder vermeiden. Dies gilt für alltägliche, fast banale Ziele (z. B. ein fröhliches Familienfest organisieren). Und selbst wenn diese kurzzeitig frustriert werden oder abhanden kommen, halten die meisten Menschen Ziellosigkeit als Dauerzustand nicht aus. Oft verbinden sich diese Ziele mit einem als ideal gedachten Zustand: Glück, Traumjob, keine Geldprobleme durch Lottogewinn usw. Selbst wenn diese Dinge bei Licht besehen sich als kaum realisierbar erweisen oder man ihnen ein Leben lang vergeblich nachjagt und immer wieder Ernüchterung einkehrt, geben sie dem tristen Alltag eine Langzeitperspektive.

2. Sinnvolles Leben braucht feste Wertvorstellungen

Auch sie gelten als hypothetische Konstrukte, die kulturell sehr verschieden sein können. Doch haben sie eines gemeinsam: Sie begründen und rechtfertigen das Verhalten des Menschen vor sich selbst und vor anderen. Dabei zeigt sich ein wichtiges Verhaltensgesetz: Wenn sich jemand seiner Werte sehr sicher ist, kann er auch scheinbar sinnlosen Lebenssituationen einen Sinn abgewinnen. („Zwar habe ich jetzt meinen Mann verloren. Aber ich weiß, dass er als Christ jetzt bei Gott ist. Das tröstet mich.")

3. Sinnvolles Leben braucht das Gefühl der Kontrolle

Menschen müssen die Überzeugung haben, das Leben oder das eigene Schicksal lenken oder zumindest mit beeinflussen zu können. Dies ist für die psychische Gesundheit ebenso konstitutiv wie für Fragen des Lebenssinns. Umgekehrt zeigt sich, dass Menschen, die sich permanent ausgeliefert und machtlos fühlen, schnell davon überzeugt sind, irgendwelchen Mächten passiv ausgeliefert zu sein. M. Seligmann spricht hier von einer „erlernten Hilflosigkeit", die bis zu schweren depressiven Zuständen führen kann.

4. Sinnvolles Leben braucht das Gefühl, wertvoll und wichtig zu sein

Daraus leitet sich der Begriff Selbstwert ab. Der Mensch fragt, welchen Wert er im Vergleich zu seiner sozialen Gruppe besitzt, und strebt in der Regel nach der günstigsten Position in der für ihn gültigen Skala des sozialen Ansehens. Selbstwert stellt sich auch durch beruflichen, sportlichen oder sozialen Erfolg ein. Aber auch dadurch, dass man sich im Kontext seiner spezifischen Subkultur (z. B. nationalistische oder rassistische Gruppierungen) gegen andere, „weniger wert seiende Menschen" abgrenzt. Je labiler jedoch soziale und gesellschaftliche Strukturen sind, desto instabiler können Selbstwertgefühle werden und zu Selbstwertverlusten führen.

Der Lebenssinn ist stark gefährdet

Alle vier Grundaspekte für den Lebenssinn sind schnell gefährdet. Ziele können sich als falsch oder nicht tragfähig entpuppen (Krise in der Lebensmitte durch nicht erreichte Lebensziele). Arbeitslosigkeit oder berufliche Misserfolge erzwingen eine neue Einschätzung des Selbstwertes. Durch Krankheit oder Leistungsabfall vermag der Mensch nicht mehr gestaltend und kontrollierend auf den Verlauf seines Lebens einzuwirken. Sehr dramatisch zeigt sich jedoch der Verfall und Verlust von Werten in der Gesellschaft. Der Zerbruch alter Wertsysteme (sozialistische Ideologie, aber auch christliche Traditionen) führt Menschen in tiefe und dauerhafte Sinnkrisen. Aber auch auf der Ebene des Individuums zeigen sich im Sinne postmoderner Einflüsse die Abgrenzung und der Widerstand gegen allgemeine, für alle Menschen gleichermaßen gültigen Werte und Normen. Dies führt zu anarchischen Tendenzen, die auch vor so grundlegenden Institutionen wie Staat und Familie nicht Halt machen („Was habe ich mit den Politikern zu tun? Was gehen mich meine Eltern an? Ich lebe mein eigenes Leben …!").

Der Tod frustriert alle menschlichen Sinnkonstruktionen

Schließlich ist hier der Tod selbst zu nennen. Wer keine Werte, Gedanken oder Hoffnungen über diese letzte Grenze menschlichen Daseins kennt, hat kaum Trost in existenziellen Krisen. Der Blick bleibt auf die Potentiale und Chancen des sichtbaren, gegenwärtigen Lebens beschränkt. Dadurch ist der Gedanke an den Tod für viele unerträglich. Der Tod wird verdrängt. Außer einigen wenigen esoterischen Ansätzen (z. B. die Reinkarnationstherapie oder spiritistische Grenztherapien) verschlägt es allen Schulen im Blick auf eine Existenzmöglichkeit über den Tod hinaus die Sprache. Sie plädieren für die Akzeptanz des Unausweichlichen oder flüchten in spekulative Deutungen mit vagen Hoffnungsversuchen.

Gibt es einen objektiven oder festen Lebenssinn?

Selbst wenn es Menschen gelingt, entsprechend den vier Sinnbedürfnissen sinnvoll zu leben und z. B. mit der hilfreichen Frankl'schen Logotherapie Sinn zu finden, stellen sich unwillkürlich Fragen:

1. Wie sinnvoll kann ein Leben und wie sinngebend können therapeutische Ansätze sein, wenn sie auf die letzte Frage der menschlichen Existenz keine Antwort oder nur von Menschen erdachte religiöse oder philosophische „Konstrukte" anbieten können?

2. Auch wenn diese erdachten Konstruktionen psychologisch wirksam sind und Menschen Hoffnung geben, fragt man sich unwillkürlich, ob es nicht doch vom Menschen unabhängige, transzendente Instanzen gibt, die „objektiven" Lebenssinn vermitteln können.

3. Schließlich: Überfordert sich der Mensch nicht permanent, wenn er sich selbst Sinn geben muss? Schafft er dies aus eigener Kraft? Kann der Mensch hier selbst zuständig sein, wenn er andererseits das Geheimnis seiner Geburt und Existenz selbst nicht beeinflussen und bestimmen konnte?

Gewiss, dies sind hermeneutisch und theologisch motivierte Fragestellungen und die Ebene empirischer Erkenntnisse ist hier verlassen. Denn die Frage nach den letzten Dingen im Leben eines Menschen, nach Lebenssinn, Normen und Werten, kann nicht empirisch-psychologisch entschieden werden. Hier bedarf es hermeneutischer Urteile. Bei allen Antworten auf diese letzten Lebensfragen gibt es m.E. grundsätzlich zwei völlig verschiedene Tendenzen:

1. Die religiös-therapeutische Antwort:

Der suchende Mensch, sein Therapeut oder der Heiler versuchen auf die letzten Fragen des Lebens selbst Antworten zu geben. Man konstruiert, deutet, sucht sich mit seinem Schicksal, mit seinem Gott, mit seinen Prinzipien zu versöhnen, zu arrangieren. Der Mensch ist Subjekt seines religiösen, therapeutischen und sinnsuchenden Verhaltens. Er verschafft sich Lebenssinn und eine günstige Einstellung zum Lebensschicksal. Doch unterliegen alle diese Versuche gesellschaftlichen und ökonomischen Bedingungen, die sehr labil sein und damit schnell diesen selbst konstruierten Lebenssinn des Menschen gefährden können.

2. Die biblisch-christliche Antwort:

Die Bibel macht deutlich, dass die Frage letzten Lebenssinns nicht in die Zuständigkeit des Menschen, sondern des Gottes fällt, der die Welt und damit auch den Menschen geschaffen hat. Gott versöhnt die Menschen mit sich durch Jesus Christus. Gott gibt jedem Menschen Wert, Ziel und Sinn, gerade auch über die Grenze des Todes hinaus. Gott ist Subjekt, der Mensch ist Objekt, an dem Gott versöhnend handelt. Ein Vorgang, der für die gesamte antike Welt singulär ist. D. h., es finden sich in der Umwelt des Neuen Testamentes und auch später keine außerchristlichen religiösen Texte, in denen nicht doch der Mensch als Subjekt seiner Religion und seines Lebenssinns der Handelnde bleibt. Überall steht der Mensch vor der Aufgabe, sich selbst zu transzendieren, sich selbst Lebenssinn zu schenken, indem er Religion, Werte und Lebenssinn konstruiert. Dies kommt einer Überforderung gleich. Nicht umsonst bitten Paulus und die Apostel des Neuen Testamentes ganz a-religiös, dafür aber biblisch: „Lasst euch versöhnen mit Gott!" Wer sich darauf einlässt, erlebt die Dynamik des biblisch-christlichen Glaubens.

Die Arbeit der Biblisch-therapeutischen Seelsorge versucht, diese Sinn-Dimension mit vertretbaren und wirksamen therapeutischen Methoden zusammenzusehen und beides zu integrieren.

Lebensziele:
Bibelspruch als Gotteswille?

Gern hätten wir für viele ethische Fragen konkrete biblische Anweisungen. Paulus und den jungen Gemeinden ging es da nicht anders. Wonach sollten sie sich richten? Kamen sie doch aus jüdischen, griechischen oder römischen Traditionen. Paulus vermied es, Regeln und Vorschriften zu entwickeln und dabei ein neues Gesetz zu geben. Er mahnte, rief zur Einsicht auf, appellierte an die Vernunft und warb dafür, das Handeln an Jesus Christus und an Gottes Lebensordnungen zu orientieren. Doch das war nicht so einfach. Eine einheitliche christliche Ethik gab es in den Urgemeinden offenbar noch nicht. Die einen hatten die Freiheit, mit ihrem Geld zu wuchern, die anderen verkauften alles um ihres Christseins willen; wieder andere hielten sich für völlig frei von allen Geboten, während einige Gemeindeglieder sich jüdischen Verhaltensgesetzen zuwandten. Hier musste es zu Konflikten kommen. Was ist der Wille Gottes?

Auch wenn die Bibel in vielen Fragen kein spezielles Gebot bereithält, zeigt sie dennoch Wege auf, wie wir auch heute zu ethisch verantwortbaren Entscheidungen kommen können. Anhand von Epheser 5 soll der Weg des Apostels nachgedacht werden.

1. Christen sollen sich am Handeln Jesu orientieren (Eph 5,1f.)

Paulus nimmt Gottes Handeln in Jesus Christus als Vorgabe für das Handeln der Christen. An ihm sollen sie lernen, was es heißt, in der Liebe zu leben:

a) Christen sollen wissen, dass sie von Jesus Christus angenommen und in seine Liebe hineingenommen sind. D. h. auch wenn sie sich falsch verhalten haben – Gott erträgt und hält sie. Er stellt sich treu zu ihnen.

b) In der Liebe wandeln heißt, sich immer wieder neu zu entschließen, auch den Menschen anzunehmen, wertzuschätzen und zu verstehen, der einem nicht so sympathisch ist.

c) Wer sich selbst geliebt weiß und wer sich zur Liebe entschließen kann, vermag sich selbst und seine Bedürfnisse eher zurückzunehmen, er kann dienen.

Im Blick auf das ethisch verantwortbare Handeln ergeben sich aufgrund des weisheitlichen Denkens bei Paulus u. a. drei Konsequenzen:

a) Der Apostel entwirft kein christliches Regelwerk, sondern ruft seine Gemeinden auf, sich an dem Handeln Jesu Christi zu orientieren.

b) Dabei geht es jedoch nicht um ein Soll, das man erfüllen muss, sondern um die Beziehung zu Jesus Christus, in der man sich angenommen und wertgeachtet weiß. Aus dieser Beziehung heraus lässt sich die Dimension der christlichen Hingabe entdecken.

c) Für diejenigen, die durch diese Beziehung zu Jesus Christus auch gewissensmäßig und emotional gebunden sind, gilt der Satz: Wenn du Jesus von ganzem Herzen lieb hast, dann tu, was du willst.

2. Christen sollen den Willen Jesu in der Schöpfung entdecken (Eph 5,8ff.)

Paulus verstand seine Rede vom Licht und der Finsternis nicht als ein Gleichnis oder als ein Bild aus der Natur. Vielmehr steht im Hintergrund das unsichtbare göttliche Licht, das auf Jesus selbst weist. Durch ihn hat der himmlische Vater die ganze Welt geschaffen und Jesus zugleich das Licht dieser Welt. Auf ihn gehen die Schöpfungsordnungen zurück. Auch das alttestamentliche Gesetz setzt diese Ordnungen voraus (vgl. z. B. das Sabbatgebot, Gen 2,1-4; Ex 20,8-11). Nun geht es um die Aufgabe, diese hilfreichen Ordnungen als den in der

Schöpfung auffindbaren Willen des Herrn (vgl. Eph 5,17) zu begreifen, wahrzunehmen und danach zu handeln. *Die Erkenntnisfähigkeit des Menschen ist jedoch beschränkt.* Zwar können alle Menschen durch genaues Beobachten solche Gesetzmäßigkeiten in der Schöpfung erkennen. Aber zum Geber dieser Ordnungen, zu Jesus Christus, dringen die Wahrnehmenden nicht durch (vgl. Röm 1,18ff.; 1. Kor 2,6ff.). Dazu bedarf es des Geistes Gottes: „Denn Gott, der sprach: Licht soll aus der Finsternis hervorleuchten, der hat einen hellen Schein in unsre Herzen gegeben ..." (2. Kor 4,6). Dort, wo Menschen diesem Jesus Christus begegnen, beginnt dieses Licht ins Herz des Menschen zu strahlen. „Wie viele ihn aber aufnahmen, denen gab er Macht, Gottes Kinder zu werden, denen, die an seinen Namen glauben" (Joh 1,12). Jeder Mensch ist eingeladen, sich für diese göttliche Wiedergeburt durch Jesus Christus zu öffnen. Dann erst ist er in der Lage, zwischen Licht und Finsternis zu unterscheiden, d. h. vom Licht des Lebens her zu erkennen und zu prüfen (Eph 5,10), was den Ordnungen Gottes entspricht. In diesem Sinn appelliert Paulus an die Gläubigen, nicht zu schlafen, sondern wach zu werden und aufzustehen – so wird sie Christus erleuchten (vgl. Eph 5,14). Sie sollen nicht unweise, sondern weise sein, erkennen, was in dieser Stunde gefordert ist (vgl. Eph 5,16). Und genau hier liegt der innere Grund, weshalb Paulus in diesem Kapitel vor dem Rausch durch Alkohol warnt (Eph 5,18). Im Prinzip hat er, wie Jesus, nichts gegen den Wein (1. Tim 5,23). Dennoch mindert Alkohol nicht nur die Wahrnehmung im Straßenverkehr, sondern auch die verantwortliche Beobachtung der Ordnungen Gottes für das Zusammenleben in der Gemeinde, im Beruf und in der Familie (vgl. Spr 23,29-35). Eine verminderte Wahrnehmung des Willens Gottes in der Schöpfung kann nicht nur durch den übermäßigen Genuss von Alkohol entstehen. Auch Selbsttäuschung kann ein Grund sein. Dies ist gleichbedeutend mit einem Leben in Finsternis. Deshalb ruft er dazu auf, sich vom Heiligen

Geist und vom göttlichen Licht erfüllen zu lassen (vgl. 1. Kor 12,8; Weish 7,7-9; 9,17; Jak 1,5).

Fazit:

a) Christen, die ihr Handeln in Gemeinde, Beruf und Familie am Willen Jesu Christi orientieren wollen, sollen wissen, dass sich dieser Wille Gottes auch in den Ordnungen der Schöpfung und des gesellschaftlichen Zusammenlebens abbildet. Um hier zu Erkenntnissen und Hilfen zu gelangen, bedarf es in der Regel nicht eines Geistwunders, sondern des genauen und verständigen Beobachtens, Wahrnehmens, Erkennens der Ordnungen Gottes (vgl. Eph 5,17). Dabei können Christen von allen Menschen lernen, die solchen Schöpfungsordnungen auf die Spur gekommen sind, auch wenn sie Christus selbst noch nicht erkannt haben.

b) Viele Christen haben gerade bei ethischen Entscheidungen immer wieder die Tendenz, ihre Situation zu schnell zu vergeistlichen. Sie neigen dazu, spontan aufgeschlagene Bibelworte, beliebige Begebenheiten oder Begegnungen geistlich zu deuten und aus solchen Erfahrungen Lösungen für ihre Situation abzuleiten. Doch hier ist von Paulus her Vorsicht geboten. Leicht mischen sich dabei eigenes Wollen und Wünschen mit dem, was man als den Willen Gottes vorgibt.

c) Christen sind aufgerufen, sich selbst und ihre Umwelt ganzheitlich wahrzunehmen. Sie rechnen nicht nur nüchtern und realistisch mit den Gegebenheiten ihrer Lebenssituation und den damit verbundenen Chancen und Grenzen, sondern ebenso mit der Wirklichkeit der unsichtbaren Welt Gottes und des Feindes. Es ist Aufgabe des Heiligen Geistes, solche ganzheitliche Wahrnehmung in Gang zu setzen und zum Licht zu führen (vgl. Joh 3,21; Eph 5,13).

3. Wer klug ist, stellt sich unter die Lebensordnungen Gottes (Eph 5,21)

Mit diesem Satz fasst Paulus seine Hinweise für ethische Entscheidungen in der Gemeinde zusammen und nennt zugleich die Überschrift für die nachfolgenden Abschnitte zu Fragen der Ehe, der Familie und dem Verhältnis zwischen freien Herren (Arbeitgebern) und den Sklaven (Arbeitnehmern). Das weisheitliche Vorbild für die von Paulus gewählte Überschrift ist Spr 1,7: „Die Furcht des Herrn ist der Anfang der Erkenntnis. Die Toren verachten Weisheit und Zucht."

Bei der „Furcht des Herrn" geht es nicht um Angst vor Gott. Derjenige, der Gottesfurcht hat, bezieht Gottes unsichtbare Welt in sein Leben mit ein. Er lässt sein Leben von der Wirklichkeit Gottes bestimmen. So resümiert der Prediger: „Lasst uns die Hauptsumme aller Lehre hören: Fürchte Gott und halte seine Gebote; denn das gilt für alle Menschen" (Pred 13,12). Die Gottesfurcht zeichnet sich demnach dadurch aus, dass der Einzelne, der die Lebensordnungen Gottes zu erkennen sucht, diese anerkennt und sich unter sie stellt. So erkennt Paulus in dem Handeln Jesu diese Unterordnung unter den Willen des Vaters. Darin sieht er eine Grundregel für alle jetzt zu klärenden ethischen Entscheidungen.

So brauchen Christen gerade auch in Lebensfragen und Krisen den Mut, sich an dem Handeln Gottes in Jesus Christus zu orientieren, die Lebensordnungen Gottes auch in den Gesetzmäßigkeiten des menschlichen Verhaltens und Erlebens aufzusuchen und sich unter das Erkannte in der Furcht Gottes zu stellen.

Literaturhinweise

Baral, K.: Handbuch der biblischen Glaubenslehre. Grundlagen für Glauben und Leben, Neuhausen 1994.

Bräumer, H.: Auf dem letzten Weg. Seelsorge an Schwerkranken und Sterbenden, Neuhausen 1988.

Dieterich, M.: Das Gespräch in der Erziehung, Dillenburg 1987.

Dieterich, M.: Depressionen. Hilfen aus biblischer und psychotherapeutischer Sicht. 6.Aufl. Gießen und Basel 1993.

Dieterich, M.: Handbuch Psychologie und Seelsorge. Wuppertal und Zürich (1989), 3. Aufl. 1994.

Dieterich, M.: Persönlichkeitsdiagnostik. Theorie und Praxis in ganzheitlicher Sicht. Wuppertal 1997, Brockhaus.

Dieterich, M.: Wir brauchen Entspannung. Stress, Verspannungen, Schlafstörungen – und was man dagegen tun kann. Gießen und Basel 1988.

Ernst, Heiko: Die unstillbare Neugier auf Sinn. In: Psychologie heute, Oktober 1994, 22-25 (weitere Literatur dort).

Finzen, A.: Schizophrenie. Die Krankheit verstehen, Bonn 1993.

Giesekus, U.: Familienleben. Spielregeln für Eltern und Kinder, Wuppertal und Zürich 1994.

Grawe, K., Donati, R., Bernauer, F.: Psychotherapie im Wandel. Von der Konfession zur Profession. Göttingen, Bern, Toronto, Seattle, 3. Aufl. 1994.

Grawe, K.: Grundriss einer Allgemeinen Psychotherapie. In.: Psychotherapeut (1995) 40, 130-145.

Kandler, K.-H.: Luther als Seelsorger an Depressiven. In: Luther. Zeitschrift der Luther-Gesellschaft, 65. Jg. 3/1994, 104-110.

Margraf, I., Schneider, S.: Panik, 2. überarb. Aufl. 1990.

Pfeifer, S. (Hrsg.): Seelsorge und Psychotherapie – Chancen und Grenzen der Integration, Moers 1991.

Rest, F.: Sterbebeistand, Sterbebegleitung, Sterbegeleit, Stuttgart, Berlin, Köln, 2. Aufl. 1992.

Tausch: R.: Umgang mit schweren Verlusten. In: Student, J. Chr.: Im Himmel welken keine Blumen, Freiburg 1992.

Tausch: R.: Verzeihen: Die doppelte Wohltat. Psychologie heute, April 1993, 20ff.

Unland, H.; Wittchen, H.-U.: Psychotherapie bei Panikstörungen und Agoraphobie: Sind kognitiv-behaviorale Verfahren wirklich überlegen? In: Report Psychologie 19 (2/94), 18ff.

Veeser, W. (Hrsg.): Biblisch-therapeutische Seelsorge und Okkultismus, Neuhausen 1991.

Veeser, W.: „Warum bin ich so, Gott?" Die Theodizee-Frage im seelsorgerlichen Gespräch. In: Dieterich, M.(Hrsg.): Homosexualität und Seelsorge. Hochschulschriften des Instituts für Psychologie und Seelsorge der Theologischen Hochschule Friedensau (bei Magdeburg), Band 2, Wuppertal 1997, 203-234

Veeser, W.: Homosexuelles Verhalten und biblische Norm. In: Dieterich, M.: Homosexualität und Seelsorge. Hochschulschriften aus dem Institut für Psychologie und Seelsorge der Theologischen Hochschule Friedensau. R. Brockhaus-Verlag Wuppertal 1997, 93-124.

Veeser, W.: Lebendige Hoffnung – vom Kopf ins „Herz". In: Tlach, W., Veeser, W.: Hoffnung – Nahrung für die Seele. Verlag Stephan Zehnle, Ostfildern 1999, 89-127.

Veeser, W.: Zum Umgang mit Wutgefühlen in der Familie. In: Dieterich, M. (Hrsg.): Der Mensch in der Gemeinschaft. Psychotherapie und Seelsorge im System. Hochschulschriften aus dem Institut für Psychologie und Seelsorge der Theologischen Hochschule Friedensau (bei Magdeburg), Band 3, Wuppertal 1998, 71-102.

Willi, J.: Was hält Paare zusammen? Der Prozess des Zusammenlebens in psycho-ökologischer Sicht, Reinbek 1991.

Anhang

Suchen Sie Hilfe?

Ein Weg zur Seelsorgerin oder zum Seelsorger oder auch eine Behandlung in einer christlichen „Herberge" mit psychotherapeutischen und seelsorgerlichen Behandlungsmöglichkeiten finden Sie über die nachfolgenden Adressen. Dort können Sie Kontakt aufnehmen und sich einen entsprechenden Gesprächspartner in Ihrer Nähe nennen lassen.

Die Adressen lauten:

Arbeitsgemeinschaft
Christlicher Lebenshilfen
Schloss Falkenberg
34590 Wabern
Tel. 05683-99800

Deutsche Gesellschaft für
Biblisch-therapeutische Seelsorge
Lauterbadstraße 39
72250 Freudenstadt
Tel. 07441-929-0

Evangeliumsrundfunk
Seelsorge
Postfach 1444
35537 Wetzlar
Tel. 06441-957-0

Österreichische Gesellschaft für
Biblisch-therapeutische Seelsorge
Waldstraße 14/4
A-4421 Aschach
Tel. 0043-7259-5465